DIETA DO BAIXO ÍNDICE GLICÊMICO

ALIMENTAÇÃO E EXERCÍCIOS

Plano nutricional e atividade física para a boa forma

DIETA DO BAIXO ÍNDICE GLICÊMICO

ALIMENTAÇÃO E EXERCÍCIOS

Plano nutricional e atividade física para a boa forma

Helen Foster

PUBLIFOLHA

Fast-Fix GI Diet foi publicado no Reino Unido em 2006 pela
Hamlyn, uma divisão do Octopus Publishing Group Ltd
2-4 Heron Quays, Docklands, Londres E14 4 IP – www.octopus.co.uk

COORDENAÇÃO DO PROJETO: PUBLIFOLHA
Coordenação editorial: Camila Saraiva
Assistência editorial: Adriane Piscitelli
Coordenação de produção gráfica: Soraia Pauli Scarpa
Assistência de produção gráfica: Mariana Metidieri

PRODUÇÃO EDITORIAL: ESTÚDIO SABIÁ
Edição: Silvana Salerno
Tradução: Elvira Serapicos
Preparação de texto: Hebe Ester Lucas
Revisão: Célia Regina Rodrigues de Lima, Nina Rizzo
Editoração eletrônica: Pólen Editorial

EDIÇÃO ORIGINAL: OCTOPUS PUBLISHING GROUP
Gerente editorial: Nicola Hill
Editora: Alice Bowden
Diretor de criação: Geoff Fennell
Projeto gráfico: Ginny Zeal
Fotografia: Will Heap, Mike Prior, Ian O'Leary, Gareth Sambidge
Consultoria em economia doméstica: Sara Lewis
Controlador de produção: Martin Croshaw

OBSERVAÇÕES

Consulte seu médico antes de começar qualquer dieta ou programa de exercícios. As sugestões deste livro não podem substituir nenhum tratamento médico profissional. Embora as afirmações e instruções contidas neste livro sejam precisas, a editora não se responsabiliza por qualquer lesão ou doença adquirida durante a realização da dieta ou dos exercícios.

As medidas em colher usadas nas receitas são padronizadas:

1 colher (sopa) = 15 ml
1 colher (chá) = 5 ml

O forno e as chapas para grelhar devem ser preaquecidos nas temperaturas indicadas.

Este livro inclui receitas com castanhas, nozes e derivados. Aconselhamos pessoas alérgicas a esses ingredientes, ou potencialmente vulneráveis a algum tipo de reação, como gestantes e lactantes, enfermos, idosos, crianças e bebês, a evitar esses pratos. Recomenda-se consultar as informações nos rótulos de alimentos para verificar a possível existência desses produtos.

Algumas receitas são preparadas com ovos frescos e ligeiramente cozidos, portanto, é aconselhável prudência às pessoas mais vulneráveis, como gestantes, lactantes, enfermos, idosos, crianças e bebês, ao consumir esses pratos.

Todas as receitas deste livro foram analisadas por nutricionistas.
As receitas se referem a uma porção individual.

Dados Internacionais de Catalogação na Publicação (CIP)
(Câmara Brasileira do Livro, SP, Brasil)

Foster, Helen
Dieta do baixo índice glicêmico – alimentação e exercícios : plano nutricional e atividade física para a boa forma / Helen Foster ; [tradução Elvira Serapicos]. – São Paulo : Publifolha, 2009.

Título original: Fast-fix GI diet.
ISBN 978-85-7402-954-2

1. Dietas para emagrecer – Receitas Dietética 3. Emagrecimento 4. Hábitos alimentares 5. Índice glicêmico 6. Nutrição – Aconselhamento 7. Saúde – Promoção I. Título.

08-07834 CDD-613.25

Índices para catálogo sistemático:
1. Emagrecimento : Receitas : Dietética : Promoção da saúde 613.25

PUBLIFOLHA
Divisão de Publicações do Grupo Folha
Al. Barão de Limeira, 401, 6º andar
CEP 01202-900, São Paulo, SP
Tel.: (11) 3224-2186/ 2187/ 2197
www.publifolha.com.br

Impresso na gráfica Toppan, em China

sumário

Introdução

uma das coisas mais frustrantes na perda de peso é que em geral você precisa escolher.

Seguir uma das dietas da moda, que restringe todo um grupo de alimentos e tem alguns efeitos colaterais preocupantes, mas consegue a perda de peso tão depressa que faz você sorrir ao subir na balança? Ou seguir o caminho sensato, escolhendo um plano de alimentação saudável em que nenhum alimento é cortado, mas a perda de peso é lenta e contínua? A última opção é ótima para resultados no longo prazo, mas não muito útil se você vai sair de férias daqui a duas semanas, tem pela frente um evento especial (e uma roupa especial para usar) ou quer apenas uma motivação inicial para começar um programa de perda de peso no longo prazo. A escolha deste livro é o primeiro passo para acabar com essa frustração, porque você não terá que fazer outras escolhas. Pela primeira vez poderá fazer uma dieta saudável, sensata, sem modismos nem fome, mas cheia de grãos integrais, frutas e verduras saudáveis, e ainda conseguir resultados que o farão sorrir ao subir na balança.

Esta dieta funciona porque segue um plano de alimentação de baixas calorias baseado nos princípios científicos do índice glicêmico (IG) para acionar uma perda de peso constante, segura e sustentável. Além disso, você incorpora alguns exercícios cardiovasculares e tonificantes simples para aumentar a perda de peso com a queima aeróbica de calorias. Mas as coisas não terminam por aqui – este programa também usa energizadores diários que ajudam a promover uma perda de peso adicional combatendo problemas como metabolismo lento, excesso de líquidos e postura ruim, que podem minar os esforços para perder peso. O resultado é que, durante os 14 dias em que seguir esta dieta, você poderá perder até 3 kg e diminuir alguns centímetros nos quadris, estômago e coxas.

No entanto, esta dieta oferece outros benefícios, além da perda de peso. O índice glicêmico é uma das áreas mais excitantes da nutrição nos dias de hoje. Cientistas de todo o mundo estão pesquisando os benefícios para a saúde desta abordagem simples e vêm concluindo que a ingestão de alimentos com IG baixo pode influenciar positivamente a saúde e o bem-estar de todas as células do corpo. Ao equilibrar os níveis de açúcar, gordura e hormônio no sangue por meio de alimentos com IG baixo, você cria condições biológicas ideais no seu corpo para ter níveis mais elevados de energia, emoções positivas, saúde em geral e longevidade.

Por isso, não é de surpreender que tantas pessoas, depois de terem iniciado um programa baseado no IG baixo (mesmo um tão curto quanto este), queiram seguir seus princípios para o resto da vida. E é aí que se revela o último benefício deste plano rápido. Enquanto muitas dietas – especialmente aquelas que oferecem resultados rápidos – deixam você sem explicações quando chegam ao fim, com esta você vai aprender tudo o que precisa para continuar com esse modo de vida saudável.

O resultado? Os próximos 14 dias podem ser os mais importantes da sua vida.

O que é índice glicêmico?

Saber o que significa índice glicêmico talvez seja a coisa mais importante para quem quer perder peso atualmente. Dito de maneira simples, o índice glicêmico (IG) indica o tempo que um alimento leva para se transformar em açúcar, conhecido como glicose (que você usa como combustível), no corpo. Um alimento que se transforma rapidamente é conhecido como alimento com IG alto, enquanto o que se transforma lentamente é o alimento com IG baixo.

O conceito não é novo – o IG é conhecido há mais de duas décadas (e é usado basicamente para ajudar os diabéticos a controlar os níveis de insulina) –, mas sua importância para a perda de peso só começou a ser estudada recentemente. Nos últimos anos, descobriu-se que:

1 A troca de alimentos com IG alto por alternativas com IG baixo acelera o metabolismo, aumentando em 4% o número de calorias queimadas a cada dia, e só isso faz com que a mulher média perca cerca de 3,6 kg por ano e o homem médio, cerca de 4,7 kg, sem outras alterações em sua dieta. Porém, o mais importante para quem está fazendo dieta é que essa aceleração do metabolismo reduz drasticamente a diminuição normal ocorrida com o corte na ingestão de calorias.

2 Os alimentos com IG baixo também aceleram a queima de gordura. Segundo um estudo publicado no jornal *Nutrition and Metabolism*, a presença em quantidade suficiente do componente do amido com IG baixo (conhecido como

amilose) na dieta pode acelerar em até 23% a queima de gordura após a refeição. A ingestão de um alimento com IG baixo antes da prática de exercícios também pode aumentar a quantidade de gordura queimada.

3 Quem troca pão branco por alternativas com IG baixo reduz em cerca de $^{1}/_{3}$ de centímetro a cintura a cada ano em relação a quem consome pão branco com IG mais alto, afirma a pesquisadora Dra. Katherine Tucker no *American Journal of Clinical Nutrition*. Um dos motivos pode ser o fato de que o consumo de IG baixo produz menos insulina (que adora armazenar o excesso de calorias na região do abdômen). Acredita-se que a mudança para uma dieta ampla de IG baixo possa ter efeito ainda maior.

4 Ao adotar alimentos com IG baixo, o seu apetite diminui naturalmente, facilitando a perda de peso. Em uma pesquisa que buscava provar que a ingestão de alimentos com IG baixo acelera o metabolismo, os pesquisadores descobriram também que as pessoas sentiam muito menos fome com esse tipo de alimentação. Na verdade, descobriu-se que o apetite era naturalmente mantido sob controle na dieta com IG baixo – sem perceber, os voluntários que participaram de um estudo da Tufts University, em Boston, nos EUA, consumiram 81% menos calorias na refeição seguinte, acelerando muito a perda de peso.

5 A ingestão de alimentos com IG baixo faz com que a atividade física pareça mais fácil. E os exercícios são vitais para a perda de peso. Em uma pesquisa da Case Western University, em Ohio, nos EUA, as mulheres que ingeriram alimentos com IG baixo antes dos exercícios conseguiram ficar 16% a mais de tempo fazendo os exercícios dos testes porque tinham muito mais energia para sustentar seus esforços.

Por tudo isso, muitos nutricionistas agora acreditam que o método do IG baixo é o mais saudável – e, potencialmente, o mais eficiente – para a perda de peso e sua manutenção para o resto da vida. Mas, para aprender a segui-lo adequadamente, você precisa saber exatamente como é que o alimento age no seu corpo e o que faz com que um alimento tenha um IG alto ou baixo.

Compreenda o IG

Quando você ingere um alimento que contém carboidrato, esse alimento é transformado por seu corpo em um açúcar chamado glicose, que então é usado como energia. Quanto mais rápida essa conversão, mais rápida a entrada do açúcar no seu sistema. Se você for um atleta que precisa repor rapidamente as reservas de açúcar, isso é bom; mas, se for um funcionário sedentário, a súbita elevação nos níveis de glicose pode não ser tão positiva.

Isso porque, se for liberada muita glicose no seu sistema de uma só vez, o seu corpo entra em pânico. O resultado é uma liberação rápida do hormônio conhecido como insulina, que transfere o excesso de açúcar do seu sistema e o guarda como reserva de gordura. Só isso já contribui para um ganho de peso – especialmente em torno da região abdominal, onde, como mencionado na página 9, a insulina tem uma predileção especial para depositar o excesso de açúcar. Mas, para agravar o problema, essa reação inicial detona um efeito nutricional indireto.

Depois que a insulina fez seu trabalho, os níveis de açúcar no sangue ficam baixos – em geral muito baixos para proporcionar aos órgãos, músculos e cérebro todo o combustível de que necessitam para realizar a infinidade de tarefas que exigimos deles a cada hora. Essa falta de combustível causa um tipo diferente de pânico, e a parte do cérebro responsável pelo apetite envia fortes sinais psicológicos para alimentos que podem repor seus estoques de combustível rapidamente: sinais que você interpreta como fome de chocolate, doces e carboidratos de digestão fácil, como pão branco e bebidas doces. Resultado: você consome mais alimentos com IG alto e o ciclo de produção de gordura recomeça.

Mas a mudança para alimentos com IG baixo interrompe esse ciclo vicioso. Eles se transformam em açúcar de forma mais constante, eliminando a necessidade de uma reação de pânico do corpo e a subseqüente fome de açúcar. O resultado é que diminuem a quantidade de glicose em suas reservas de gordura – e menos calorias acabam sendo consumidas para aumentar seus níveis de energia. Esses dois efeitos se combinam para ajudar a manter o seu peso estável. Acrescente um controle de calorias, um pouco de exercício e eliminação de líquidos à mistura (como fará no plano de dieta alimentar de 14 dias das páginas 24-85) e terá uma receita completa para a perda de peso.

IG alto e IG baixo

Lembre-se de que o IG de um alimento é determinado pela velocidade com que a quantidade de carboidrato se transforma em açúcar no corpo. Por isso, alimentos que não contêm carboidrato – como carne, peixe e aves (que são proteína pura) e manteiga, margarina e óleo de cozinha (que são pura gordura) – são automaticamente considerados alimentos com IG baixo.

O alto nível de proteína ou de gordura no alimento também reduz drasticamente seu IG, e é por isso que grãos, feijões, nozes, sementes e laticínios, que combinam altos níveis de proteína ou gordura com carboidratos, em geral têm IG baixo. Mas, entre os alimentos com carboidratos, os valores de IG podem variar bastante, e são dois os fatores que influenciam essa variação.

o tipo de açúcar contido no alimento

Um alimento com alto nível de glicose (encontrada em produtos industrializados, como bebidas e barras energéticas, e também em frutas naturalmente doces, como o melão) se transformará rapidamente em açúcar no corpo. Outros tipos de açúcar se transformam mais lentamente. Isso acontece porque muitos açúcares (conhecidos como dissacarídeos) são compostos por duas moléculas (uma de glicose, outra de frutose), que precisam ser divididas antes de poderem ser efetivamente transformadas, o que desacelera consideravelmente o processo. Os açúcares dissacarídeos incluem a sacarose (açúcar comum), a lactose (açúcar dos laticínios) e a maltose (que costuma ser usada para dar sabor aos alimentos). A frutose (principal açúcar das frutas) tem apenas uma molécula, mas, como precisa ser transformada em glicose antes de poder ser usada, também tem IG baixo.

a facilidade com que o alimento é decomposto pelo corpo

A fibra é difícil de ser digerida pelo corpo, por isso, quanto maior a quantidade de fibra no alimento, mais baixo será seu IG. O pão com grãos integrais (contendo os grãos com as cascas), por exemplo, dá muito mais trabalho para ser decomposto do que o pão branco. Mas existem outros elementos que afetam o IG, como o tipo e a forma de amido que contêm. Quanto mais resistente à decomposição for o amido contido no alimento, menor será seu IG. Isso explica por que o arroz (que não contém muito amido resistente) nunca é um alimento com IG baixo, e por que o macarrão (que contém muito amido resistente) é sempre de IG baixo. Mas também explica por que tantos de nós têm uma alimentação com IG alto na maior parte do tempo. Ao processar um alimento, você torna as partículas de amido muito menores, facilitando sua decomposição – e permitindo a transformação mais rápida em glicose. É por isso que o pão branco tem um IG mais alto que o do pão integral.

como medir

Para medir o IG de um alimento, os cientistas avaliam a velocidade com que se transforma em açúcar comparado com a glicose. Se a glicose equivale a 100 na escala, qualquer alimento que se transforme 70% tão depressa (ou mais) é considerado com IG alto; os que se transformam entre 56% e 69% tão depressa têm IG médio; e aqueles que se transformam 55% (ou menos) têm IG baixo. Você encontrará os índices de centenas de alimentos na tabela das páginas 110 a 125. Alguns exemplos:

IG alto

- Bebidas com glicose
- Pães branco e integral
- Arroz branco e pré-cozido
- Purê de batata e batata assada com casca
- Melão
- Nabo branco
- Tâmaras

IG médio

- Sacarose (açúcar comum, usado em bolos, doces, massas e refrigerantes)
- Arroz basmati e arroz integral
- Abacaxi
- Beterraba
- Cenoura
- Broas
- Pão sírio
- Panquecas
- A maioria das frutas enlatadas
- Figos secos

IG baixo

- Aveia
- Macarrão
- Feijões (exceto favas)
- Grãos
- Nozes e sementes
- Pães de grãos e sementes
- Batata-doce
- Batata
- Maçã
- Cerejas e frutas vermelhas
- Leite
- Iogurte
- Alimentos à base de soja, como tofu

Os melhores alimentos com IG baixo

Um dos motivos por que muitos especialistas acreditam tanto no poder da dieta IG para melhorar a saúde deve-se ao fato de ela conter altos níveis de frutas, verduras, legumes e grãos integrais ricos em nutrientes. Na verdade, qualquer dieta à base de alimentos com IG baixo faz bem à saúde, mas existem alguns que merecem ser incluídos semanalmente (se não diariamente) nos seus planos alimentares.

1 frutas vermelhas

O mirtilo é uma das frutas frescas mais ricas em antioxidantes (substância que neutraliza moléculas prejudiciais à saúde chamadas de radicais livres). Mas todas as frutas vermelhas são benéficas para a saúde – o morango e a framboesa, por exemplo, ajudam no combate ao câncer.

2 cereais e leguminosas

Estudos mostram que dietas ricas em cereais e leguminosas (que têm muita fibra e proteína) desempenham papel importante na redução do colesterol e da pressão sangüínea e também na incidência do diabetes. Acredita-se que quatro porções por semana sejam suficientes para reduzir em 22% o risco de doenças cardíacas.

3 crucíferas

Os legumes desta família (que incluem brócolis, repolho, couve e couve-flor) contêm um agente muito importante para a prevenção do câncer chamado sulforafane. Novas pesquisas revelaram que a liberação desse agente é favorecida pelo cozimento desses legumes no vapor, em vez de na água.

4 chocolate amargo

O chocolate é um alimento com IG baixo porque contém gordura, laticínios e sacarose – e é saudável porque contém antioxidantes. Mas isso vale apenas para o chocolate amargo de boa qualidade, com 70%-80% de cacau, e devem-se consumir apenas quatro quadrados de cada vez (cerca de 100 calorias).

5 ervas e condimentos

Um pouco de alecrim na comida produz os mesmos benefícios antioxidantes que um punhado de frutas vermelhas. E o orégano é nove vezes mais potente do que o alecrim. Condimentos como a cúrcuma e a canela também são muito benéficos, incluindo o combate ao diabetes.

6 nozes e sementes

As gorduras essenciais das nozes e sementes não estão ligadas apenas à redução dos riscos de ataque cardíaco (algumas castanhas ou nozes por dia diminuem esses riscos em pelo menos 15%). Também são boas para a pele, melhoram o humor e podem até estimular a queima de gordura. Mas são calóricas, por isso, não exagere na quantidade.

7 aveia

Conhecida por sua capacidade de reduzir o colesterol (uma tigela de aveia por dia pode reduzir os níveis de colesterol em até 23%), a aveia também controla os níveis de açúcar no sangue e contém um potente antioxidante chamado ácido ferúlico, que diminui o risco de câncer de cólon.

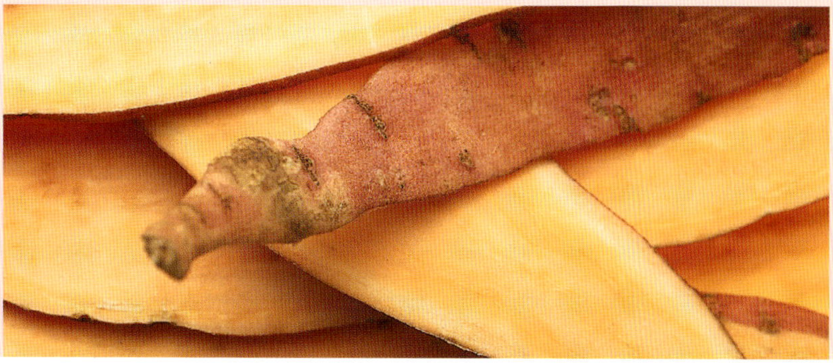

8 quinua

Muitos nutricionistas dizem que este grão (que pode ser usado como arroz ou cuscuz) é um dos alimentos mais completos que existem. Parente do espinafre, a quinua tem níveis altíssimos de proteínas e carboidratos complexos, além de ferro e vitamina B – grandes produtores de energia.

9 soja

Grande fonte de proteína vegetal, a soja também é rica em isoflavonas, substâncias com atuação semelhante à do estrogênio no corpo. Isso diminui potencialmente o risco de câncer de mama e problemas ligados à menopausa entre as mulheres, além de proteger contra o câncer de próstata nos homens. A soja também combate doenças cardíacas em ambos os sexos.

10 batata-doce

Classificada pelo Center for Science in the Public Interest dos EUA como uma das principais hortaliças pelo conteúdo de fibra e vitamina, a batata-doce é rica em vitaminas A e C, ferro e cobre. Pode ser preparada como a batata comum: assada, fatiada e como purê.

Quando o IG é ruim

Embora a relação de superalimentos IG seja irrepreensível, o fato é que o alto conteúdo de gordura diminui o IG de um alimento, e isso significa que muitos alimentos considerados saudáveis em termos de IG têm altos níveis de gordura saturada, gordura trans e calorias. Além disso, outros alimentos potencialmente não tão saudáveis também têm IG baixo. É preciso tomar cuidado com:

1 bacon, hambúrguer, salsicha etc.
Com IG baixo porque têm muita proteína, esses alimentos contêm altos níveis de gordura saturada, e também muito sal, o que eleva a pressão e aumenta o risco de retenção de líquidos. Se quiser comer esses alimentos (e outras carnes gordurosas, como carne moída e pato), retire toda a gordura antes de cozinhar, depois grelhe ou frite sem óleo; antes de servir, enxugue com toalha de papel para retirar as gorduras da superfície.

2 batata frita
Pode ter IG baixo, mas é rica em calorias. Se quiser algo para acompanhar um lanche, ou para beliscar, terá a mesma sensação crocante (mas muito, muito mais nutrientes) com legumes crus, como salsão ou minicenouras; experimente também picles, como pepino ou cebola, que estimulam os mesmos receptores do paladar, mas com menos calorias.

3 café
Tecnicamente, o café não aumenta o nível de açúcar no sangue, mas pesquisadores holandeses determinaram que ele interfere na maneira como as células reagem à insulina, provavelmente aumentando a quantidade no seu sistema, o que eleva o risco de armazenamento de gordura. O café descafeinado não tem esse efeito, por isso mude hoje. Se sentir que não consegue ficar sem o estímulo da cafeína pela manhã, pelo menos limite o consumo do café normal a menos de quatro xícaras por dia.

4 refrigerante diet
Embora ninguém tenha provado que os adoçantes artificiais

fazem mal, pesquisadores da Universidade Purdue, em Indiana, nos EUA, descobriram que eles confundem os sistemas de saciedade, aumentando a probabilidade de consumir mais. Você pode beber refrigerante diet de vez em quando, mas é melhor tomar água, chá verde ou de outras ervas, quente ou frio com gelo.

5 sorvete

Sim, é delicioso e contém cálcio, que queima gordura, mas também contém altos níveis de gordura saturada – e quanto mais luxuriante o sorvete, tanto maiores esses níveis. Se quiser tomar um sorvete de vez em quando, escolha um do tipo dietético, e sirva-se de apenas uma colher, acompanhado de fruta para melhorar a ingestão de nutrientes e saciar o apetite.

6 margarina

Vários tipos de margarina contêm níveis muito altos de gorduras modificadas, como as gorduras trans, às quais se têm atribuído o aumento do risco de doenças cardíacas. Prefira as que não têm gorduras trans, ou use pequenas quantidades de manteiga, que pode ter um pouco mais de gordura saturada, mas é menos prejudicial que a gordura trans.

7 destilados

Os destilados são os que têm o IG mais baixo entre as bebidas alcoólicas, mas são também os mais fortes e estão relacionados à maior incidência de câncer no intestino e ao diabetes. O IG do vinho pode ser um pouco mais alto, mas, se for consumido durante a refeição ou acompanhado de um pouco de castanha-de-caju ou de amêndoa (que vão desacelerar a transformação em açúcar), é uma bebida alcoólica muito mais saudável.

Os benefícios do IG para a saúde

Com tantos alimentos saudáveis incorporados à alimentação, é fácil ver que o método do IG baixo será benéfico para a sua saúde. Mas os benefícios podem ser ainda maiores do que você acreditava.

combate doenças

Como explicamos nas páginas 8-9, um dos principais problemas da dieta de IG alto é que ele aumenta os níveis de insulina no corpo. E isso não é uma notícia ruim apenas para a cintura – a insulina pode ser uma substância muito prejudicial. Não só está ligada à maior incidência de diabetes, mas níveis elevados de insulina também encorajam a produção de hormônios que podem promover o aumento de células cancerígenas, e o resultado é que tanto o câncer de mama quanto o câncer de pâncreas têm sido relacionados a dietas de IG alto. Mas a redução da insulina não é a única conseqüência do corte de alimentos com IG alto. Estudos mostraram também que o corte de alimentos processados reduz os níveis de colesterol e de gorduras que desencadeiam doenças cardíacas, chamadas de triglicérides. Finalmente, pesquisadores de Seul, na Coréia do Sul, descobriram que a simples substituição de um alimento com IG alto por um equivalente com IG baixo (neste caso, arroz branco por outro grão integral) reduziu os níveis de um aminoácido prejudicial conhecido como homocisteína. Isso é incrivelmente importante, porque esse aminoácido está ligado a problemas cardíacos e acredita-se que seja fator importante no desenvolvimento do mal de Alzheimer.

ajuda a resolver pequenos problemas de saúde

Ao controlar as oscilações de açúcar no sangue, a alimentação com IG baixo ajuda a reduzir os efeitos da tensão pré-menstrual. Também está ligada ao aumento do controle sobre os hormônios em geral, o que pode ajudar a reduzir os riscos da chamada síndrome do ovário policístico, assim como outros problemas de fertilidade. Mas o grande benefício de caráter mais amplo é a melhora do sistema imunológico. Com a dieta de IG baixo, a quantidade de açúcar no corpo é reduzida naturalmente, o que é uma ótima notícia, pois o açúcar é um imunosupressor. A alimentação

pele. Acredita-se que altos níveis de insulina no corpo estejam ligados ao aumento da acne e da oleosidade da pele – e, possivelmente, ao envelhecimento precoce. Assim, com a diminuição da insulina no corpo, você terá uma pele saudável a partir do seu interior. E, devido à presença marcante de proteína na dieta de IG baixo, seu cabelo também vai agradecer. O cabelo é feito de proteína, e, se o corpo não estiver recebendo um suprimento suficiente, limitará o fornecimento nessa área. Melhorando a ingestão de proteínas, em questão de semanas você verá que seu cabelo parecerá mais brilhante, mais saudável e mais vivo.

com IG baixo também aumenta a capacidade de absorção da vitamina C (porque a vitamina C e a glicose brigam para entrar nas células do corpo), e sabe-se que as pessoas com maiores níveis de vitamina C no corpo são menos suscetíveis a gripes e resfriados.

dá bom humor e aumenta a disposição

O fornecimento lento e constante de fontes de energia para o corpo evita os altos e baixos que desencadeiam as alterações de humor e disposição que muitas pessoas sentem ao longo do dia. Dois ou três dias depois de começar a se alimentar de acordo com o método de IG baixo, você sentirá mais disposição. Além disso, provavelmente estará ingerindo mais carboidratos, embora esteja afinando, e isso é importante porque eles elevam os níveis do hormônio serotonina, que melhora o humor. Baixos níveis de serotonina têm sido ligados à depressão e à compulsão alimentar.

melhora a aparência

Incorporando à sua dieta altos índices de gorduras essenciais (na forma de nozes e sementes), você melhora imediatamente a aparência e a saúde da sua

A pirâmide IG

Agora que você viu todos os efeitos positivos da alimentação com IG baixo, deve estar pensando no que deve comer (e quando) para aproveitar esses benefícios. A ilustração da página ao lado explica tudo com rapidez e simplicidade. A pirâmide IG foi elaborada para mostrar, resumidamente, o que compõe uma dieta saudável.

A pirâmide é composta de várias camadas: alimentos de IG alto (que também contêm alguns nutrientes) estão no topo, enquanto os de IG baixo (mas com alto valor nutritivo) aparecem na base. Não é de surpreender que os alimentos do topo devam ser evitados, enquanto várias porções dos alimentos que estão na base devem ser ingeridas diariamente.

topo da pirâmide

Esses alimentos não têm apenas IG alto: carecem de nutrientes ou têm muita gordura. Entre eles estão bebidas com glicose, bebidas doces, como refrigerantes, balas e doces semelhantes, batata frita, bolos, biscoitos, massas e pudins doces. Se decidir comer uma dessas coisas, que seja apenas uma vez por semana.

segunda camada

Aí estão purê de batata, pães branco e integral, arroz e cereais com açúcar. Têm IG alto, mas contêm alguns nutrientes, por isso não foram banidos totalmente. Limite o consumo a uma ou duas vezes por semana e sempre acompanhados por um alimento com IG baixo, para desacelerar sua transformação em açúcar.

terceira camada

Nozes e sementes têm IG baixo. Também são boa fonte de fibra e óleos, contendo ácidos gordurosos essenciais, por isso se deve consumir cerca de 25 g por dia. Nessa categoria também podem ser incluídos produtos à base de nozes e sementes, como manteiga de amendoim e tahine (feito com sementes de gergelim). Nesse caso, o equivalente em calorias é 1,5 colher (chá) desses produtos.

quarta camada

Esses alimentos são pura proteína, como as carnes vermelhas (boi, porco e carneiro), aves (frango, peru, pato e ganso), miúdos (rim, coração e fígado), peixe (de carne branca, como badejo e linguado, e oleosos, como salmão, anchova, tainha, sardinha, atum fresco e truta), crustáceos (ostras, camarões, moluscos, mariscos e mexilhões) e ovos. Como não contêm carboidratos, seu IG é zero. Devem ser consumidos duas ou três vezes ao dia.

quinta camada

A combinação de proteína e de lactose, açúcar de digestão relativamente lenta, faz com que o leite e os laticínios tenham IG baixo. Também são importante fonte de cálcio, bom não só para os ossos – pesquisas mostraram que o cálcio ajuda a diminuir o armazenamento de gordura. Devem ser consumidos duas a três vezes ao dia, mas dê preferência aos dietéticos para diminuir o consumo de calorias e gordura saturada.

sexta camada

São os carboidratos com amido, principal fonte de energia. Devem ser consumidos entre seis e onze vezes ao dia, principalmente aqueles de IG baixo, como o pão de trigo maltado, macarrão, aveia, quinua, cevada e batata-doce. Mas, se você já consumiu uma porção dos carboidratos com amido (como pão branco e arroz) que aparecem no alto da pirâmide IG, então diminua o número de porções de alimentos de IG baixo.

base da pirâmide

Recomenda-se que todos consumam, pelo menos cinco vezes ao dia, frutas, legumes e verduras, que têm IG baixo. Existem algumas poucas exceções (como o melão, a abóbora e raízes, como o nabo), mas a quantidade de frutas, legumes e verduras testados é muito maior do que a que poderia ser consumida, de forma que seu efeito insulina no sangue é reduzido. Por causa disso, todas as frutas, legumes e vegetais podem ser consumidos em uma dieta de IG baixo.

Porção distorcida

Embora a escolha de alimentos de IG baixo coloque seu corpo em situação favorável ao emagrecimento (lembre-se, o seu metabolismo estará mais acelerado do que em qualquer outro programa de alimentação e você estará queimando gordura), a perda de peso é sempre uma questão de ingestão de calorias *versus* queima de calorias, por isso o tamanho das porções é importante.

A pirâmide IG da página 21 indica a proporção geral dos diferentes grupos de alimentos que você deve comer a cada dia. Agora, você verá qual deve ser o tamanho da porção neste plano alimentar:

- **Arroz, macarrão, cuscuz:** 25 g ainda crus – isso equivale a 1 colher (sopa) cheia depois de cozidos
- **Batatas:** 125 g – isso significa uma batata inteira do tamanho de 1 ovo, 2 batatas pequenas cozidas ou 2 colheres (sopa) cheias de purê de batata
- **Carne:** 125 g – do tamanho de uma caixa de baralho
- **Cereais matinais:** 25 g – cerca de 3 colheres (sopa)
- **Crustáceos:** 150 g – cerca de duas mãos juntas cheias de

camarões, mexilhões, moluscos etc.

- **Fruta:** um pedaço médio (como uma maçã ou laranja); dois pedaços pequenos de fruta, como o kiwi; frutas vermelhas em quantidade suficiente para preencher as duas mãos juntas; ou 1/8 de uma fruta grande, como o melão

- **Iogurte (de leite ou soja) ou queijo cottage:** um potinho (normalmente 125 g)

- **Leite (de vaca ou de soja):** 200 ml – cerca de quatro dedos de altura em um copo pequeno

- **Legumes e verduras:** o suficiente para ocupar duas mãos juntas

- **Manteiga e derivados:** o suficiente para cobrir a ponta da faca

- **Nozes e sementes:** 25 g – quantidade suficiente para cobrir a palma da mão

- **Óleos:** ½ colher (sopa), mas é melhor usar óleo em spray, para reduzir as calorias

- **Ovos:** um ovo de tamanho médio

- **Pão:** 1 fatia de pão de fôrma; meio pãozinho

- **Peixe:** 150 g – do tamanho de um cheque, mas um pouco mais grosso

- **Queijo:** 40 g – um pedaço do tamanho de uma caixa de fósforos

- **Suco de fruta:** 150 ml – cerca de três dedos de altura em um pequeno copo.

RÁPIDA

Esta dieta de 14 dias funciona porque combina todos os benefícios da perda de peso com alimentos de IG baixo (aceleração do metabolismo, maior metabolismo da gordura, redução da fome de açúcar e aumento de energia, que faz com que tudo pareça possível) com exercícios simples para a queima de calorias e truques para aumentar a disposição. Isso ajuda você a manter a motivação ou acentua os efeitos da perda de peso da dieta, diminuindo a retenção de líquidos e resolvendo problemas de postura. Depois de apenas 14 dias com este plano, você perceberá as mudanças.

perda de peso

A combinação de cardápios com contagem de calorias cuidadosa, exercícios e aumento de estímulos sobre o metabolismo garante uma perda de peso de até 3 kg. Junto com dicas de bem-estar que você seguirá a cada dia, a perda de peso será maior do que a dos planos de IG tradicionais, ajudando a obter os resultados que deseja da maneira mais fácil. Como regra geral, quanto maior a determinação para começar, maior será a perda de peso (porque você queima mais calorias de um dia para o outro, de qualquer forma), mas todos os que seguem o plano de acordo com as orientações perderão peso.

redução nas medidas

Uma combinação de perda de peso, melhora na postura e leve tonificação dos músculos garantirá a perda de centímetros em torno da barriga, quadris e coxas. Se realmente quiser avaliar seu progresso, coloque um cordão em volta da cintura antes do começar a dieta (você pode marcar com uma caneta ou cortar com uma tesoura no lugar em que as duas pontas se encontram); ao fim de duas semanas, coloque-o de novo – é quase certo que o cordão estará muito grande.

melhora do tônus da pele

Como já mencionamos na página 19, a melhora da pele é um dos grandes benefícios da alimentação com IG baixo, e em duas semanas, aumentando a ingestão diária de gorduras essenciais e líquidos e cortando açúcar, você vai melhorar a pele desidratada, aumentando seu brilho dos pés à cabeça.

redução dos sinais de celulite

A celulite é uma combinação de gordura e líquidos; por isso, ao ajudar na perda de peso e na eliminação de líquidos (junto com exercícios tonificantes para a firmeza dos músculos), esta dieta pode ajudar a eliminar a celulite leve em uma quinzena. Casos mais sérios demoram mais, mas o aumento na hidratação da sua pele certamente tornará a celulite menos perceptível, enquanto você se concentra em derrotar aquelas áreas teimosas de uma vez por todas.

Então é isso: transformação completa do corpo em apenas 14 dias. É claro que para obter os resultados é preciso seguir todas as orientações; então, continue a ler para descobrir exatamente o que você precisa fazer e quando.

precisa de ajuda extra?

Se você precisa perder mais de 3 kg (ou simplesmente gostou tanto dos efeitos desta dieta rápida que quer continuar após os 14 dias), não há problema. Você pode repetir a dieta exatamente do mesmo jeito ou usar as alternativas sugeridas com as receitas. Nas refeições em que não há outra opção, lembre-se de que você sempre pode substituir os ingredientes pelos seus semelhantes – por isso, qualquer fruta pode ser substituída por outra; qualquer legume por outro legume; qualquer carne por outra carne, peixe ou ave em porção do mesmo tamanho; e você sempre pode trocar qualquer carboidrato por outro carboidrato com IG baixo.

O que fazer e quando

O plano de 14 dias é composto de três elementos principais: boa alimentação, boa forma e bem-estar. Abaixo, cada um deles é explicado em detalhes, mas o mínimo a ser feito todos os dias inclui as refeições e lanches sugeridos, além dos exercícios tonificantes das páginas 90-103. As dicas de boa forma e bem-estar ajudarão a impulsionar os resultados, por isso tente incorporar o máximo de dicas que puder.

alimentação

Todos os dias você terá três refeições principais e dois lanches. Isso talvez represente mais do que está acostumado a comer (especialmente se estiver tentando emagrecer), mas não pule nenhuma refeição ou lanche. A ingestão regular de alimentos impulsiona a perda de peso, levando seu corpo a pensar que está comendo mais do que realmente está, o que evita a desaceleração do metabolismo que normalmente ocorre quando você corta calorias. Há uma receita para cada dia, ou uma alternativa fácil de fazer, se não estiver com vontade de cozinhar naquele dia. Mas não fique sempre com a alternativa fácil – todas as receitas são rápidas e evitarão que se sinta faminta enquanto emagrece (uma das principais razões para as pessoas que estão de dieta saírem dos trilhos). Lembre-se: se não gostar de um determinado ingrediente, substitua-o (veja mais informações sobre como fazer isso na página 25).

bem-estar

As dicas de bem-estar visam acentuar os efeitos da perda de peso ou, simplesmente, criar um corpo mais saudável, mais feliz, para exibir sua nova forma. Aqui também, a incorporação de uma dica por dia (ou pelo menos duas ou três por semana) vai melhorar os resultados e/ou sua saúde geral. Você não precisa seguir as dicas na ordem em que aparecem; experimente-as de acordo com seu humor ou necessidades pessoais.

boa forma

Nas páginas 90-103 você encontrará um programa de exercícios fáceis de 10 minutos a serem realizados todos os dias. Isso ajudará a tonificar e fortalecer seus músculos e reforçar os efeitos da perda de peso da dieta. Você encontrará também sugestões de tarefas que ajudam a entrar em forma. Isso ajudará a aumentar o número de calorias queimadas a cada dia, e você deve realizar pelo menos duas dessas tarefas por semana (ou, melhor ainda, tente fazer uma por dia). Lembre-se de que a quantidade de peso perdido em qualquer dieta é determinada pela diferença entre o número de calorias ingeridas e queimadas. Você encontrará outras sugestões de exercícios nas páginas 104-107. Para realmente impulsionar os resultados, você deve fazer de 30-60 minutos de qualquer um deles pelo menos três vezes por semana.

vida social durante a dieta

Um dos maiores problemas de seguir uma dieta é que a vida está sempre interferindo. Sair para comer ou receber amigos para o jantar pode parecer difícil, mas, desde que você se atenha a certas regras simples, isso não precisa ser um problema.

• Não importa o que aconteça, coma sempre alimentos com baixas calorias e IG baixo. Se sair para jantar, limite-se a dois pratos, sempre com baixas calorias. Boas sugestões de entrada são caldos, salmão defumado ou coquetel de camarão, chicken tikka ou presunto de Parma com melão. Para o prato principal, escolha peixe, carne ou frango simples com salada (é melhor evitar carboidratos) ou uma porção de macarrão com molho de peixe ou de legumes. As sobremesas costumam ter IG alto ou muitas calorias, por isso ignore-as ou peça uma pequena porção de sorvete ou sorbet. Pode não ser o jantar dos seus sonhos, mas o plano dura apenas 14 dias.

• Não tome álcool de maneira alguma, pois abre o apetite e aumenta a retenção de líquidos.

• Se estiver cozinhando para outras pessoas, substitua a refeição da noite por uma das sugestões mais exóticas, como o frango com lima e limão e legumes assados (p. 85), o salmão oriental com gengibre (p. 45) ou o filé picante (p. 69). O número de calorias pode variar um pouco em relação ao recomendado, mas terá IG suficientemente baixo para alcançar os resultados. Depois, sirva uma sobremesa com baixas calorias, como a gelatina da página 33, ou figos frescos com um pouco de creme fraîche.

Para começar

É muito mais fácil seguir uma dieta com todos os ingredientes na despensa. Você encontrará abaixo uma lista de compras com as coisas que talvez precise guardar antes de começar. Na página seguinte estão as respostas para algumas perguntas que podem estar passando pela sua cabeça neste momento.

lista de compras

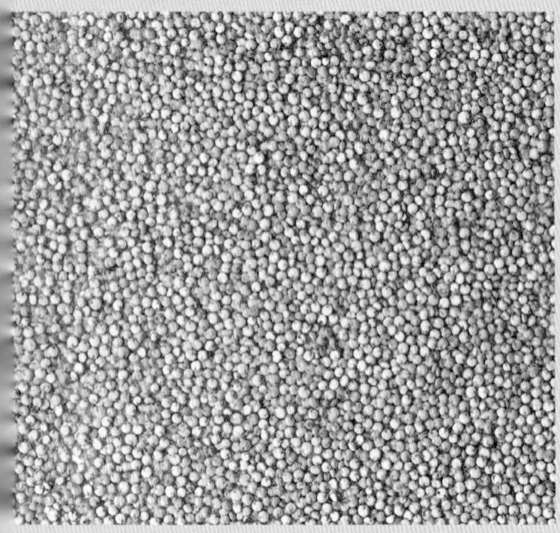

• Nozes e sementes: se achar que são apetitosas demais, divida-as em pequenas porções e guarde-as embaladas em filme plástico.

• Temperos e especiarias usadas nas receitas: são basicamente manjericão e hortelã, mas certifique-se de que tem tudo de que precisa.

• Pão de massa fermentada/soja e linhaça: você encontra esses pães em grandes supermercados ou lojas de produtos naturais. Se não encontrar, o pão de linho maltado é uma alternativa.

• Pães de espelta: são feitos com um tipo de farinha com IG especialmente baixo. Podem ser encontrados em lojas de produtos naturais ou na seção de pães especiais dos bons supermercados. Pães de centeio ou bolos de aveia são ótimos substitutos.

• Feijão e lentilha enlatados: são alternativas práticas para o uso de grãos que precisam ficar de molho antes de ser cozidos. Para determinar o tamanho da porção, como regra geral, calcule três vezes o peso do grão seco sugerido na receita.

• Grãos como trigo integral e quinua: alternativas para arroz e sêmola de trigo com IG mais baixo, podem ser encontrados em lojas de produtos naturais e supermercados. A quinua cozinha mais rápido (cerca de 15 minutos), enquanto o trigo integral precisa ficar de molho por 30 minutos.

• Cereais matinais com IG baixo, feitos com farelo integral, granola sem açúcar ou mingau de aveia: existem muitas receitas para o café-da-manhã, mas, se estiver com pressa, comece o dia com uma porção de 25 g de cereais com 150 ml de leite desnatado e uma fruta. Lembre-se de que o café-da-manhã é a refeição mais importante do dia!

E se eu sou vegetariano?

Se você for vegetariano, existem opções. Além disso, é possível adaptar qualquer uma das receitas substituindo a carne por uma alternativa vegetariana, como tofu, carne de soja ou proteína vegetal texturizada, feijões e grãos ou um legume ou verdura. Na maioria dos casos, isso vai diminuir também a contagem de calorias, por isso use 50% mais do que a quantidade sugerida na receita para evitar que você coma muito pouco a cada dia.

E se eu trabalho o dia inteiro?

Embora a maioria das opções de refeições possa ser facilmente levada para o trabalho (ou, em muitos casos, comprada no supermercado no mesmo dia), se você realmente não tiver tempo para fazer um almoço complicado ou não dispuser de muitos recursos perto do local de trabalho, aqui estão três sugestões de lanche para comer a qualquer dia sem se preocupar em estourar seu orçamento de calorias.

• Duas fatias de pão australiano com um pouco de mostarda e duas ou três fatias de presunto, frango, rosbife, ou duas colheres (sopa) de atum ao natural. Acrescente quanto quiser de salada e sirva como acompanhamento uma pequena lata de sopa dietética ou três punhados de minicenoura ou de palitinhos de salsão.

• Uma batata assada pequena (do tamanho de uma bola de tênis), com três colheres (sopa) de feijões assados. Depois, uma fruta.

• Faça uma salada com legumes e verduras de que gosta, coberta por três fatias de presunto, frango ou rosbife, 25 g de queijo magro, 100 g de queijo cottage ou 50 g de atum e duas torradas suecas ou de aveia.

E se faço do almoço a principal refeição?

Então troque as coisas – não há motivo para não fazer isso.

E se belisco à noite?

Esse é um grande problema para quem está de dieta e uma das razões para incluir sobremesa no jantar. Se você gosta de comer à noite, não consuma a sobremesa imediatamente após a refeição principal, espere até sentir a tal vontade de beliscar.

1º dia

Um novo dia e uma nova dieta – mas esta é diferente de tudo o que você já tentou antes. Não haverá aquela sensação de fome nem de vontade de comer açúcar, que faz você sair atrás de um chocolate às 3 horas da manhã. Desta vez, perder peso será algo simples e gratificante.

alimentação

café-da-manhã

1 copo de suco de maçã ou mirtilo sem açúcar
150 ml

torrada com geléia
Passe levemente a geléia dietética em duas fatias de torrada de pão fermentado, soja/linhaça ou de trigo maltado.

ALTERNATIVA

1 tigela de cereais integrais ou granola sem açúcar
3 colheres (sopa) do cereal com 200 ml de leite desnatado

lanche

1 copo de iogurte dietético com morango ou amora
Iogurte natural (150 g) servido com frutas vermelhas

almoço

batata assada, feijões cozidos e salada
Cubra uma grande batata assada (250 g) com 5 colheres (sopa) de feijões cozidos. Sirva com uma grande salada verde feita com pepino, alface e folhas variadas.

ALTERNATIVA

cogumelos e tomates grelhados
Sirva sobre duas fatias de pão fermentado, soja/linhaça ou pão australiano.

sobremesa

1 maçã

lanche

amendoins e uvas-passas
25 g

jantar

refogado de legumes com IG baixo
(veja p. 32)

ALTERNATIVA

pernil de porco grelhado com legumes
Grelhe um filé de pernil (125 g) e sirva com duas batatas-doces pequenas, amassadas com um pouco de alho e leite desnatado, e uma grande porção de ervilha-torta e cenoura.

sobremesa

gelatina de morango
(veja p. 33)

boa forma

A queima de calorias não precisa ser um negócio complicado. Pesquisas da Clínica Mayo, nos Estados Unidos, revelaram que a diferença entre as pessoas naturalmente magras e as que tendem a ganhar peso é uma coisa chamada termogênese por atividade de não-exercício – isso significa que, quanto mais você anda, levanta e se mexe durante o dia, mais calorias queima.

Aumente sua termogênese diária ficando em pé, andando enquanto fala ao telefone, subindo sempre pelas escadas, mesmo as rolantes, e fazendo tudo aquilo que seus pais lhe diziam para não fazer, como tamborilar com os dedos das mãos e dos pés enquanto estiver sentada. Lembre-se: cada movimento no dia-a-dia queima calorias.

importante

Os amendoins têm IG realmente baixo; por isso, mesmo pequenas quantidades poderão saciar crises de fome. Mas são muito apetitosos, por isso coma um por um, para não consumir demais de cada vez.

bem-estar

Você pode tomar 200 ml de leite desnatado ou semidesnatado todos os dias durante os 14 dias. Além disso, beba pelo menos 2 litros de água – cerca de 6 a 8 copos. Isso não serve apenas para evitar a sede; quando você está desidratado, seu metabolismo se desacelera até 3%, o que significa que queimará até 60% menos calorias por dia, o que representa 2,7 kg de peso por ano que você poderia ter perdido.

Se não aprecia o gosto de água, acrescente uma gota de suco de fruta para dar sabor.
Ou experimente chás de ervas, quentes ou gelados.

O álcool não entra na contagem de ingestão de líquidos porque desidrata o corpo, aumenta o número de calorias e diminui os níveis de vitamina B, essenciais para a queima de calorias. A cafeína tem efeito parecido, por isso tente consumir menos de 4 xícaras de chá ou café por dia, ou opte pelos descafeinados.

refogado de legumes com IG baixo

preparo: 10 minutos | **cozimento:** 20 minutos | 4 **porções**

1 colher (sopa) de azeite ou óleo de canola

1 cebola grande cortada em cubos

1 pimentão grande picado

2 talos de salsão fatiados

2 colheres (sopa) de shoyu light

2 colheres (sopa) de ketchup

uma pitada de pimenta

125 g de cogumelos picados

10 tomates-cerejas cortados na metade

125 g de ervilha-torta cortada na metade

125 g de broto de feijão

2 cenouras grandes cortadas em tiras

4 pães sírios para acompanhar

cebolinha verde picada para enfeitar (opcional)

1 Aqueça o azeite em uma panela ou frigideira antiaderente. Acrescente a cebola e cozinhe por dois minutos.

2 Adicione o pimentão vermelho e o salsão e deixe dourar por alguns minutos. Junte o shoyu, o ketchup e a pimenta e mexa bem.

3 Acrescente os outros legumes e cozinhe em fogo médio durante 10-15 minutos, até que os legumes estejam macios. Adicione um pouco de água se necessário.

4 Enfeite com a cebolinha, se desejar, e sirva cada porção com uma fatia de pão sírio.

informação nutricional por porção
Calorias **121**
Proteínas **5,5 g**
Carboidratos **17,2 g**
Sódio **44 mg**
Gorduras **3,8 g**
Gorduras saturadas **0,6 g**
IG **Baixo**

dica

Esta receita pode ser facilmente adaptada a outra seleção de legumes. Se estiver com pressa, faça um lanche com pão sírio.

gelatina de morango

preparo: 5 minutos | **tempo de resfriamento:** 1-2 horas | 4 **porções**

1 pacote (cerca de 13 g) de gelatina de morango diet

150 g de morangos descascados e picados

morangos para decorar

creme de leite light

1 Faça a gelatina de acordo com as instruções da embalagem.

2 Arrume os morangos em uma fôrma ou tigela. Lentamente, coloque a gelatina na fôrma. Leve à geladeira por 1-2 horas ou até que esteja firme.

3 Para desenformar a gelatina, mergulhe o fundo da fôrma na água quente por alguns segundos. Solte as beiradas da gelatina com os dedos e coloque uma travessa de servir sobre a fôrma. Vire-a e sacuda firmemente – a gelatina deverá se soltar. Caso contrário, mergulhe a fôrma de novo em água quente. Se tiver usado uma tigela, passe uma faca pelas laterais e então vire-a sobre a travessa e sacuda-a com firmeza.

4 Decore a gelatina com morangos e sirva com um pouquinho de creme.

informação nutricional por porção
Calorias **20**
Proteínas **2,2 g**
Carboidratos **2,5 g**
Sódio **71 mg**
Gorduras **0 g**
Gorduras saturadas **0 g**
IG **Baixo**

2º dia

Se você não se pesou ontem, suba na balança assim que acordar. Os sistemas de perda de peso do seu corpo já terão começado a queimar gordura, e toda a água que você está tomando vai garantir a eliminação do excesso de líquido dos tecidos – e é bom medir seu avanço desde o início para conseguir toda a motivação possível.

alimentação

café-da-manhã

tigela de mingau
3 colheres (sopa) de farelo de aveia e 200 ml de água ou leite desnatado. Enfeite com morangos ou framboesas.

ALTERNATIVA
torrada e manteiga de amendoim
Passe a manteiga de amendoim em 2 fatias torradas de pão azedo, soja/linhaça ou pão australiano.

lanche

1 pêra

almoço

sopa de abobrinha e lentilha
(veja p. 36)

ALTERNATIVA
sanduíche
Compre um sanduíche feito com pão australiano e que tenha menos de 300 calorias.

sobremesa

1 fatia de melão com frutas vermelhas

lanche

1 pedaço de queijo fresco magro
150 g

jantar

badejo ao molho cítrico
(veja p. 37)

ALTERNATIVA
omelete
Prepare-a com 2 ovos em uma frigideira antiaderente com um mínimo de azeite ou óleo de canola. Misture um pouco de cogumelos, cebola e abobrinha ou 2 fatias de presunto magro. Sirva com uma grande salada verde e um pãozinho australiano.

sobremesa

salada de frutas
Prepare com banana e maçã fatiadas, gomos de laranja e grapefruit, morangos e um pouco de suco de laranja sem açúcar.

bem-estar

O estresse pode afetar sua cintura. Quando nos sentimos pressionados, comemos mais; além disso, os hormônios do estresse, como o cortisol, contribuem para o armazenamento de gordura – especialmente na região da barriga. Para relaxar, uma das melhores coisas é um banho aromático. O óleo de lavanda é o mais usado na aromaterapia, mas existem outros.

Experimente colocar duas gotas de óleo com tomilho, alecrim e grapefruit (misturados em 60 ml de óleo-base) para estimular sua motivação e sensação de sucesso; ou use duas gotas de olíbano mais duas de lavanda para ter uma boa noite de sono, evitando assim aquela vontade de beliscar ligada ao cansaço. Então, abra a torneira, acrescente o óleo enquanto a água corre para acentuar os aromas, feche a porta e permita-se meia hora de calma e serenidade.

boa forma

Dançar é muito bom para perder calorias – e, por ser divertido, você nem percebe por quanto tempo fez 'exercício'. Uma pesquisa do Springfield College, Massachusetts, revelou que as pessoas ficam cerca de 27% mais tempo fazendo exercício quando há música. Por isso, feche as cortinas, coloque seu CD favorito e dance pela casa por 30 minutos.

importante

As pessoas que fazem dieta com IG baixo costumam ter pressão mais baixa do que as outras.

sopa de abobrinha e lentilha

preparo: 10 minutos | **cozimento:** 45 minutos | 4 **porções**

2 cubos de caldo de legumes

500 ml de água fervente

50 g de lentilha

4 abobrinhas picadas

4 cebolas pequenas picadas

400 g de tomate picado

1 colher (sopa) de ervas frescas picadas

pimenta

4 pães australianos para acompanhar

1 Dissolva os cubos na água fervente. Acrescente a lentilha e deixe cozinhar em fogo baixo por 15 minutos.

2 Adicione os demais ingredientes e deixe cozinhar por 30 minutos ou até que os legumes estejam macios.

3 Para que a sopa fique mais espessa, amasse os legumes com um espremedor de batata. Sirva imediatamente com os pães australianos.

dica

Esta é uma sopa substancial e fácil de fazer. Se você nunca fez sopa, esta lhe dará inspiração para fazer outras com legumes diferentes. Você pode levar a sopa para comer fora.

informação nutricional por porção
Calorias **110**
Proteínas **7 g**
Carboidratos **18,9 g**
Sódio **633 mg**
Gorduras **1,5 g**
Gorduras saturadas **0 g**
IG **Baixo**

badejo ao molho cítrico

preparo: 10 minutos | **cozimento:** 13 minutos | 4 **porções**

1 laranja grande

1 dente de alho amassado

2 tomates grandes picados sem as sementes

2 colheres (sopa) de manjericão picado

50 g de azeitonas pretas picadas

1 colher (sopa) de azeite extravirgem

4 postas de badejo com cerca de 150 g cada um

1 colher (sopa) de pimenta-da-Jamaica moída

pimenta

óleo de girassol para fritar

manjericão picado para enfeitar

salada verde e 200 g de batatas cozidas com pele para acompanhar

informação nutricional por porção
Calorias **216**
Proteínas **28,8 g**
Carboidratos **7 g**
Sódio **381 mg**
Gorduras **8,2 g**
Gorduras saturadas **1,2 g**
IG **Baixo**

1 Descasque a laranja, retirando toda a parte branca. Trabalhando sobre uma tigela para aproveitar o suco, corte entre as membranas para retirar as sementes. Corte os gomos ao meio e misture-os com o suco de laranja, o alho, os tomates, o manjericão, as azeitonas e metade do azeite. Tempere com pimenta e reserve.

2 Passe o restante do azeite nas postas de peixe e cubra com a pimenta moída. Aqueça o óleo numa assadeira pequena e frite o peixe dos dois lados, durante cerca de 8 minutos. Leve ao forno preaquecido a 150°C, ou no nível 2, por cerca de 5 minutos.

3 Enfeite com o manjericão picado e sirva com o molho, uma salada verde e as batatas.

3º dia

Você já deve ter percebido que as coisas são bem mais fáceis do que esperava. A partir de hoje, começará a descobrir outros benefícios. Os níveis de açúcar no sangue devem estar totalmente estabilizados, aumentando sua vitalidade. Diga adeus à queda de energia das 3 da tarde e dê as boas-vindas ao seu novo eu.

alimentação

café-da-manhã

frutas vermelhas com iogurte
(veja p. 40)

ALTERNATIVA

1 grapefruit grande e 1 fatia de torrada
1 fatia de pão australiano, soja/linhaça ou pão azedo torrado com uma fina camada de manteiga light ou cottage

lanche

2 pães de grãos com fatias de pêra ou maçã

almoço

sanduíche
(veja p. 41)

ALTERNATIVA
salada
Alface e outras folhas à sua escolha, pepino, cenoura grelhada, tomate-cereja e rabanete com 40 g de queijo magro grelhado ou 50 g de presunto magro. Sirva com uma fatia de pão de linhaça.

sobremesa

1 banana

lanche

musse de chocolate diet
1 potinho pequeno (150 g) comprado em supermercado

jantar

grelhado misto
2 salsichas vegetarianas, ou com pouca gordura, grelhadas com cogumelos grandes e tomate, com molho de tomate tipo vinagrete, acompanhadas por 2 batatas-doces assadas no forno

ALTERNATIVA
espaguete à bolonhesa
Faça um molho com 75 g de carne moída magra ou 125 g de carne de soja por porção com uma lata de molho de tomate acrescida de cogumelos e cebola. Sirva com 50 g de espaguete por pessoa.

sobremesa

fatias de abacaxi fresco

boa forma

Segundo pesquisas feitas, nossas avós queimavam por dia três vezes mais calorias do que nós porque não dispunham dos eletrodomésticos que temos hoje. Por isso, ao menos uma vez por dia, execute uma tarefa com as mãos, como mudar o canal de TV sem o uso do controle remoto (não ria; afinal, a cada 20 passos para ir e voltar da televisão, você queima 1 caloria); ou lave os pratos, em vez de colocá-los na máquina de lavar louça.

Mas lavar o carro é o máximo – você queimará 200 calorias em meia hora e seus braços se beneficiarão com a musculação.

bem-estar

Sorria – está provado que seu corpo não distingue o sorriso verdadeiro do fingido; a simples ação de forçar o gesto é suficiente para liberar endorfina no cérebro. Se estiver de baixo-astral (correndo o risco de ir atrás de doces), fique diante do espelho e apenas sorria por alguns minutos. Seu humor vai melhorar imediatamente.

importante

Muitas pessoas não gostam de frutas vermelhas por causa dos grãozinhos dessas frutas. Mas esses grãos têm altos níveis de ácido elágico, responsáveis pela autodestruição das células cancerígenas.

frutas vermelhas com iogurte

preparo: 15 minutos, mais o tempo de refrigeração | 4 **porções**

300 g de iogurte natural desnatado

2 colheres (sopa) de mel

375 g de framboesa

25 g de flocos de aveia

1 Coloque o iogurte em uma tigela grande. Acrescente o mel cuidadosamente.

2 Separe 1/3 das framboesas e divida em quatro taças. Cubra com metade da mistura de iogurte. Espalhe um pouco dos flocos de aveia e mais framboesas, fazendo a divisão entre as taças.

3 Cubra com outra camada, terminando com a aveia e um pouco das framboesas. Deixe esfriar na geladeira por 30 minutos antes de servir.

dica

Esta receita também é muito boa como sobremesa. Pode ter outras versões com frutas diferentes.

informação nutricional por porção
Calorias **105**
Proteínas **1,8 g**
Carboidratos **22 g**
Sódio **16 mg**
Gorduras **1,5 g**
Gorduras saturadas **0,9 g**
IG **Baixo**

sanduíche

preparo: 5 minutos | **cozimento:** 8-10 minutos | 4 **porções**

1 colher (chá) de azeite

2 dentes de alho picados

1 cebola bem picada

250 g de tiras de peito de carneiro picadas e fritas no azeite

125 g de cogumelos picados

1 pimentão vermelho sem sementes e sem pele bem picado

2 colheres (sopa) de salsa fresca picada

2 colheres (sopa) de hortelã fresca picada

125 g de arroz basmati cozido

suco de 1 limão

4 colheres (sopa) de iogurte grego ou natural desnatado

2 colheres (sopa) de molho de hortelã

8 fatias de pão-folha pequeno

¼ de pepino cortado em tiras

salada de folhas para acompanhar

1 Para fazer o recheio, aqueça o azeite em uma frigideira ou panela antiaderente e refogue o alho, a cebola e as tiras de carneiro por 3-4 minutos. Acrescente os cogumelos e o pimentão e cozinhe por mais 2-3 minutos. Junte as ervas, o arroz e o suco de limão. Cozinhe por mais 1-2 minutos.

2 À parte, misture o iogurte com o molho de hortelã.

3 Para montar os sanduíches, coloque as fatias de pão numa superfície limpa. Espalhe 1 colher (sobremesa) da mistura de iogurte em cada fatia de pão; por cima, ponha uma colherada grande do recheio e algumas tiras de pepino.

4 Dobre os pães, formando um cone, e sirva imediatamente com uma salada de folhas.

informação nutricional por porção
Calorias **408**
Proteínas **25 g**
Carboidratos **64,2 g**
Sódio **341 mg**
Gorduras **7,2 g**
Gorduras saturadas **2,4 g**
IG **Baixo**

dica

Em vez de carneiro, você pode usar carne vermelha, carne de porco ou frango. Experimente grão-de-bico para uma versão vegetariana.

4º dia

Você já percebeu que é muito fácil introduzir alimentos com IG baixo no seu cotidiano. Mesmo que precise combinar a perda de peso com o trabalho em um escritório durante todo o dia, essas refeições rápidas e fáceis ajudam você a se manter fiel ao plano. E quase todos os almoços sugeridos podem ser feitos em casa com antecedência e levados para o trabalho.

alimentação

café-da-manhã

1 copo de suco de laranja sem açúcar
150 ml

cogumelos grelhados com torrada
Prepare 2 cogumelos grandes grelhados e sirva sobre 2 torradas de pão azedo, soja/linhaça ou pão australiano.

ALTERNATIVA
shake
Bata no liquidificador 1 banana, 150 ml de leite desnatado e 1 colher (sopa) de aveia.

lanche

1 nectarina

almoço

salada de frango e chicória com molho de gergelim
(veja p. 44)

ALTERNATIVA
sopa de legumes diet em lata
Sirva com um pãozinho australiano.

sobremesa

1 potinho de iogurte diet com frutas vermelhas
150 g de iogurte natural com algumas frutas vermelhas

lanche

1 maçã grande

jantar

salmão oriental com gengibre
(veja p. 45)

ALTERNATIVA

legumes assados com quinua
Cozinhe 75 g de quinua ou trigo integral por pessoa, de acordo com as instruções da embalagem. Asse a berinjela, a abobrinha e os pimentões verde e vermelho com uma colherada de azeite. Salpique com suco de limão e ervas picadas. Cubra a quinua ou o trigo integral e sirva.

sobremesa

manjar branco com framboesa
Prepare uma porção por pessoa, de acordo com as instruções da embalagem, usando leite desnatado.

boa forma

Muita gente acredita que só as pessoas muito bem preparadas podem correr, mas, se você já tem o hábito de caminhar, por que não acrescentar uma leve corrida aos exercícios diários? (Você queimará duas vezes mais calorias por minuto.)

Para começar, o melhor é alternar 30 segundos ou 1 minuto de corrida com 4 minutos de caminhada. Com a prática, você pode aumentar o tempo de corrida e diminuir o de caminhada. Sem perceber, logo estará correndo!

bem-estar

Fazer algo que ocupe a mente não só evita que você coma para fugir do tédio como, de acordo com algumas pesquisas, melhora o sistema imunológico e exercita o cérebro de uma forma que estimula a criação de novas células (algo que pode evitar problemas de memória ligados à idade). Em vez de ficar na frente da televisão todas as noites, tente fazer algo diferente. Se for do tipo criativo, comece a pintar; se gosta de moda, costure; ou compre um quebra-cabeças e monte. Você não vai acreditar como o tempo passará voando.

importante

A luz do sol pode emagrecer, pois sua ação sobre a pele produz vitamina D – e sem ela você absorve apenas 10% do cálcio ingerido (com ela, a absorção aumenta para 80%-90%). Pesquisas recentes mostraram que o cálcio faz com que as células que armazenam gordura passem a queimá-las! Por isso, pegue 30 minutos de sol por dia para aumentar seus níveis de vitamina D.

salada de frango e chicória com molho de gergelim

preparo: 20 minutos | 4 **porções**

50 g de folhas de alface rasgadas

2 pés de chicória branca

¼ de pepino cortado em cubos

50 g de flores de brócolis

2 grapefruits grandes cortados em gomos

125 g de peito de frango grelhado e cortado em tiras

400 g de grão-de-bico em conserva escorrido

1 pimentão amarelo grande sem pele e sem sementes

1 pimentão verde grande sem pele e sem sementes

250 g de tomates-cerejas cortados na metade

4 fatias de pão de grãos com linhaça

Molho

½ colher (chá) de açúcar

½ colher (sopa) de mostarda Dijon

2 colheres (sopa) de vinagre de vinho branco

2 colheres (sopa) de azeite

½ colher (sopa) de semente de gergelim

1 colher (sopa) de shoyu (opcional)

pimenta

1 Coloque a alface, a chicória, o pepino, o brócolis e o grapefruit em uma tigela.

2 Acrescente o frango, o grão-de-bico, os pimentões e os tomates.

3 Para o molho, misture o açúcar, a mostarda e o vinagre e mexa. Acrescente o azeite enquanto estiver mexendo e depois a pimenta.

4 Doure as sementes de gergelim numa frigideira quente até que fiquem marrons, depois coloque o shoyu, se quiser, e cubra com uma tampa. Quando esfriar, acrescente ao molho.

5 Coloque o molho sobre a salada e sirva com as fatias de pão.

informação nutricional por porção
Calorias **188**
Proteínas **16,8 g**
Carboidratos **23,8 g**
Sódio **167 mg**
Gorduras **4 g**
Gorduras saturadas **0,7 g**
IG **Baixo**

dica

A chicória tem um sabor maravilhoso, mas você pode usar também alface romana ou couve chinesa. Se não come frango, substitua-o por tofu, nozes e castanhas ou mais grão-de-bico.

salmão oriental com gengibre

preparo: 10 minutos | **cozimento:** 6-10 minutos | 4 **porções**

½ maço de cebolinha cortada

um pedaço de 2,5 cm de gengibre fresco descascado e cortado em tiras

2 colheres (sopa) de ginger ale ou refrigerante de limão

2 colheres (sopa) de shoyu light

4 filés de salmão sem pele com cerca de 125 g cada um

200 g de batata cozida com casca

repolho e ervilha-torta

1 Misture a cebolinha, o gengibre, o ginger ale e o shoyu em uma tigela.

2 Mergulhe o salmão na mistura por 3-5 minutos de cada lado, depois coloque em uma frigideira tampada. Se necessário, cubra com um pouco de água.

3 Sirva com as batatas, o repolho e a ervilha-torta cozidos. Enfeite com a cebolinha e o gengibre e espalhe um pouco do molho por cima.

informação nutricional por porção
Calorias **233**
Proteínas **25,8 g**
Carboidratos **1,3 g**
Sódio **57 mg**
Gorduras **13,8 g**
Gorduras saturadas **2,4 g**
IG **Baixo**

5º dia

Você pode não ter percebido, mas consumiu as cinco porções recomendadas de frutas e legumes em cada dia deste programa. Recentemente, isso foi declarado um hábito saudável dos mais importantes para a manutenção da perda de peso, o que é uma ótima notícia para a sua dieta – e vital para o seu bem-estar geral.

alimentação

café-da-manhã

tigela de cereais
3 colheres (sopa) de cereais com 150 ml de leite desnatado. Cubra com uma banana pequena fatiada.

ALTERNATIVA
torrada com manteiga de amendoim
Passe 1 colher (chá) de manteiga de amendoim em 2 torradas de pão azedo, de soja/linhaça ou australiano.

lanche

1 biscoito de aveia com uma camada fina de queijo magro

almoço

macarrão com lentilha e molho de pimentão
(veja p. 48)

ALTERNATIVA
1 pequena tigela de homus com legumes grelhados
125 g de homus acompanhado de cenoura, salsão e couve-flor e 4 torradas de centeio

sobremesa

2 kiwis

lanche

queijo branco magro com amoras
125 g

jantar

salada de alface-romana com queijo gorgonzola e nozes
(veja p. 49)

Sirva com fatias de batata assadas no forno, usando uma batata com cerca de 125 g por pessoa. Corte as fatias bem fino, salpique um pouco de shoyu e asse por cerca de 20 minutos, em fogo alto (200°C, ou nível 1), até ficarem crocantes.

ALTERNATIVA

salada de frango
Misture folhas variadas, coentro, tomates fatiados e cebolinha, cerca de 200 g de grão-de-bico em conserva, sem a água, 1 colher (sopa) de sementes de abóbora e 125 g de peito de frango grelhado e fatiado, coberto por 1 colher (sopa) de molho vinagrete com poucas calorias.

sobremesa

1 pêra grande

importante

As peras contêm iodo, mineral vital que ajuda a maximizar a função da tireóide. Como a tireóide é a glândula que controla o número de calorias que você queima por dia, é vital que ela esteja funcionando bem para o sucesso do emagrecimento.

boa forma

Nade. Muitas pessoas não vêem uma piscina nem mesmo durante o verão, mas a natação é ótima para tonificar o corpo e perfeita para quem não faz exercícios. Além de não sobrecarregar as articulações, o contato com a água garante menos cansaço do que outras formas de exercício com a mesma intensidade.

Mesmo que não saiba nadar muito bem, a piscina não deve ser cortada da sua agenda. Ao caminharmos – ou corrermos – com a água na altura da cintura, os efeitos tonificantes desses exercícios se intensificam.

bem-estar

Faça as refeições com calma, hoje e sempre: a pressa ao comer é uma das principais causas do inchaço formado ao redor da cintura. Assim como mascar chiclete, falar enquanto come e beber de garrafa com tampa esportiva ou enquanto faz exercícios – tudo isso libera os gases. Um chá de hortelã pode ajudar a reduzir os efeitos.

macarrão com lentilha e molho de pimentão

preparo: 15 minutos | **cozimento:** 35-40 minutos | 4 **porções**

125 g de lentilhas vermelhas

1 colher (sopa) de azeite

2 cebolas picadas

2 pimentões vermelhos pequenos sem pele e picados

4 cogumelos grandes fatiados

1 dente de alho amassado

2 colheres (sopa) de manjericão fresco picado e um pouco para enfeitar

2 colheres (sopa) de salsa picada

1 lata de tomates de 400 g

2 colheres (sopa) de extrato de tomate

250 ml de água

uma pitada de açúcar

250 g de macarrão integral

pimenta

queijo parmesão ralado para acompanhar

1 Cozinhe as lentilhas em água por 15 minutos. Escorra.

2 Aqueça o azeite em uma panela antiaderente e frite as cebolas e os pimentões por 10 minutos. Acrescente as lentilhas, os cogumelos, o alho, as ervas, o tomate e o extrato de tomate, a água, o açúcar e a pimenta.

3 Deixe ferver e diminua o fogo, deixando cozinhar lentamente, sem tampar, por 15-20 minutos.

4 À parte, encha uma panela de água e deixe ferver. Coloque o macarrão e cozinhe durante 10-12 minutos, ou de acordo com as instruções da embalagem. Escorra.

5 Coloque o molho sobre o macarrão, enfeite com as folhas de manjericão e sirva com o queijo parmesão ralado.

informação nutricional por porção
Calorias **391**
Proteínas **19,2 g**
Carboidratos **71,4 g**
Sódio **162 mg**
Gorduras **5,3 g**
Gorduras saturadas **0,7 g**
IG **Baixo**

salada de alface-romana com queijo gorgonzola e nozes

preparo: 10 minutos | 4 **porções**

2 colheres (sopa) de azeite

1 colher (sopa) de bom vinagre de vinho branco

125 g de queijo gorgonzola

50 g de nozes descascadas e picadas grosseiramente

1 alface-romana cortada em pedaços grandes

pimenta

batatas fatiadas para acompanhar

1 Coloque o azeite, o vinagre e um pouco de pimenta em uma saladeira e mexa bastante. Acrescente metade do gorgonzola e amasse bem com um garfo.

2 Junte metade das nozes picadas e toda a alface e mexa até que fique inteiramente coberta pelo molho.

3 Cubra com o restante do gorgonzola, cortado em pedaços pequenos, e o resto das nozes picadas. Sirva com as batatas.

informação nutricional por porção
Calorias **250**
Proteínas **9 g**
Carboidratos **1 g**
Sódio **346 mg**
Gorduras **23 g**
Gorduras saturadas **8 g**
IG **Baixo**

dica

Em um jantar, esta receita realmente leve serve de entrada para 8 pessoas. Você pode variar os ingredientes usando queijo roquefort em vez do gorgonzola, se preferir um sabor mais forte.

6º dia

Se a dieta teve início em uma segunda-feira, chegou o fim de semana, com todas as suas tentações. Mas começando com um bom café-da-manhã – e terminando o dia com uma refeição que não pareça dieta –, você terá sucesso garantido.

alimentação

café-da-manhã

kedgeree
(veja p. 52)

ALTERNATIVA
suco de frutas tropicais
150 ml

1 pote de iogurte desnatado e framboesas, mais 1 brioche torrado

lanche

porção de nozes e sementes
25 g

almoço

tomates grelhados
Sirva com 2 torradas de pão azedo, soja/linhaça ou pão australiano.

ALTERNATIVA
sopa de lentilha em lata
Sirva com um pãozinho australiano.

sobremesa

2 ameixas grandes

lanche

1 biscoito de aveia coberto por fatias de maçã

jantar

filé grelhado com 25 g de cuscuz, salada de folhas e salada de três grãos
(veja p. 53)
Grelhe um filé de 125 g. Prepare 75 g de cuscuz de acordo com as instruções da embalagem e sirva com a salada de grãos e outra de folhas.

ALTERNATIVA
hambúrguer vegetariano grelhado
Encha dois pães sírios pequenos com tiras de hambúrguer vegetal grelhado, cenoura ralada, cuscuz feito de acordo com a embalagem, tomate picado e tiras de pepino com molho de hortelã picada e iogurte desnatado.

sobremesa

banana assada e queijo fresco magro

1 banana e 75 g de queijo branco magro, salpicados com algumas raspas de chocolate

boa forma

Pular é um ótimo exercício, queimando mais de 600 calorias em uma hora, o que equivale a correr a 10 km/h. Mas o melhor é que pode ser praticado na privacidade de sua própria casa – tudo de que você precisa é uma corda para pular e alguma orientação para não machucar os tornozelos.

Comece fazendo 15 minutos por dia (com arranques de 1 minuto), depois chegue até 15-20 minutos por dia.

bem-estar

Embora deva representar uma parada na semana de trabalho, muitas pessoas correm ainda mais no fim de semana. Se você tem um dia agitado pela frente, passe pelo menos 5 minutos relaxando.

Para fazer uma meditação rápida, você pode deitar ou sentar e relaxar gradualmente cada parte do corpo, sentindo que ficam mais soltas, mais pesadas. Preste atenção à respiração e vá diminuindo, desacelerando aos poucos, até a expiração ficar mais lenta que a inspiração. Perceba os pensamentos entrando e saindo da sua mente – como se estivesse vendo os créditos de um filme. Depois de 5 (ou mais) minutos, saia do relaxamento contraindo sutilmente e depois relaxando cada músculo do corpo, começando com o maxilar e descendo até os pés. Em seguida, abra os olhos e veja como você se sente renovado.

importante

Os grãos da salada de hoje são uma ótima fonte de fibra solúvel, que ajudam a diminuir os níveis de colesterol e de açúcar no sangue. Outras boas fontes de fibras solúveis são aveia, ervilha e lentilha.

kedgeree

preparo: 10 minutos | **cozimento:** 20 minutos | 4 **porções**

250 g de hadoque (ou outro peixe) defumado

300 ml de leite de coco light

125 g de lentilhas marrons

1 colher (chá) de óleo de milho

1 cebola pequena bem picada

125 g de cogumelos em conserva picados

1 colher (chá) de tempero indiano

175 g de arroz basmati marrom cozido

2 ovos cozidos picados

pimenta

coentro

1 Coloque o hadoque de molho no leite de coco por 8 minutos e deixe esfriar. Reserve o leite. Retire a pele do hadoque e descame a carne.

2 Enquanto isso, cozinhe as lentilhas em água fervente por 15 minutos e escorra.

3 Aqueça o óleo e refogue a cebola por 2 minutos, acrescente os cogumelos fatiados e cozinhe por mais 2 minutos. Adicione o tempero indiano.

4 Junte o arroz e as lentilhas à cebola e aos cogumelos. Acrescente um pouco do leite reservado, o suficiente para umedecer a mistura, e tempere com pimenta. Mexa bem e adicione o hadoque e os ovos.

5 Sirva imediatamente, enfeitado com um raminho de coentro.

informação nutricional por porção
Calorias **436**
Proteínas **27,4 g**
Carboidratos **54,5 g**
Sódio **592 mg**
Gorduras **12,3 g**
Gorduras saturadas **1 g**
IG **Baixo**

salada de três grãos

preparo: 10 minutos | **cozimento:** 5 minutos | 4 **porções**

dica

Existem infinitas variações para esta salada. Você pode substituir qualquer um dos grãos sugeridos por uma lata de milho pequena; acrescentar outros legumes à salada, como tomates-cerejas, fatias de rabanete, pepino e cenoura ralada; ou adicionar frango cozido ou atum em pedaços. Misture a salada com arroz cozido ou macarrão para ter uma refeição completa.

informação nutricional por porção
Calorias **212**
Proteínas **14,4 g**
Carboidratos **34,8 g**
Sódio **476 mg**
Gorduras **2,6 g**
Gorduras saturadas **0,4 g**
IG **Baixo**

125 g de vagens cortadas

250 g de feijão-azuqui cozido

250 g de feijão-fradinho cozido

250 g de grão-de-bico cozido

1 cebola vermelha pequena picada

1 colher (sopa) de vinagre balsâmico

1 colher (sopa) de suco de limão

1 Cozinhe as vagens em água fervente por 5 minutos. Escorra e resfrie em água corrente.

2 Misture as vagens, o feijão-azuqui, o feijão-fradinho, o grão-de-bico e a cebola.

3 Regue com o vinagre e o suco de limão e mexa para obter uma cobertura uniforme. Sirva.

7º dia

Hoje, no fim do dia, você terá chegado à metade do período da sua dieta, e já viu como é fácil perder peso com o método do IG baixo. Mas, se ainda está com dificuldade para se motivar, passe alguns minutos pensando em todas as sensações positivas que experimentou nesta semana para continuar na próxima.

alimentação

café-da-manhã

1 copo de suco de amora
150 ml

1 tigela de mingau de aveia
Use 3 colheres (sopa) de aveia e coloque água de acordo com as instruções da embalagem. Sirva com 200 ml de leite desnatado.

ALTERNATIVA

1 torrada de pão com sementes de abóbora e manteiga de amendoim, mais 2 damascos ou ameixas
Se você souber fazer pão, experimente acrescentar sementes de abóbora à massa; se estiver usando pão pronto, torre duas fatias, espalhe a manteiga de amendoim e depois salpique as sementes de abóbora.

lanche

1 fatia de melão

almoço

assado de batata com queijo
(veja p. 56)

ALTERNATIVA

peito de frango grelhado

Sirva 125 g de peito de frango com uma mistura composta por 175 g de batatas pequenas com casca, pedaços de batata-doce e abóbora assados em 1 colher (chá) de óleo de canola, junto com cenouras e ervilhas cozidas. Faça o molho com uma mistura de caldo de galinha e a água em que os legumes foram cozidos.

sobremesa

bolo de ameixa e damasco

(veja p. 57)

lanche

mix de frutas secas

25 g

jantar

camarões picantes, arroz basmati e legumes refogados

Cozinhe o arroz basmati de acordo com as instruções da embalagem, calculando 50 g por pessoa, e prepare os legumes fritos de acordo com as instruções. Misture 75 g de camarões cozidos, ou 150 g de tofu, em 1 colher (chá) de molho de pimenta agridoce. Coloque o arroz em um prato, cubra com os legumes refogados e os camarões.

ALTERNATIVA

sanduíche aberto

Faça com uma fatia de pão azedo, de soja/linhaça ou pão australiano coberta por uma fina camada de extrato de levedura ou extrato de carne e 100 g de queijo cottage, pepino fatiado, tomate e tiras de pimentão amarelo.

sobremesa

2 punhados de cerejas

Sirva com 2 colheres (sopa) de tofu suave ou queijo fresco magro.

bem-estar

Pense no que aprendeu sobre alimentação saudável até aqui – talvez você esteja surpreso com a pequena quantidade de macarrão de cada porção ou como é fácil comer cinco porções de frutas e legumes todos os dias. Esse 'aprendizado' foi identificado por pesquisadores da Universidade de Yale como um dos fatores mais importantes não apenas da perda de peso como também de sua manutenção.

boa forma

Aproveite ao máximo o tempo que você tem no fim de semana e faça seus exercícios ao ar livre, dando uma longa caminhada pelo campo (ou no parque mais próximo). Convide um amigo, seu parceiro, as crianças ou o cachorro e caminhe aceleradamente por pelo menos uma hora. O ideal é que você caminhe com velocidade suficiente para se sentir um pouco sem fôlego, mas em condições de conversar – isso não só ajuda a passar o tempo como também indica que seu corpo está queimando o máximo de calorias. Se não conseguir falar e caminhar ao mesmo tempo, diminua um pouco.

importante

As frutas roxas são ricas em antioxidantes, por isso não é de surpreender que as ameixas secas, em que todos esses nutrientes vitais são condensados durante o processo de secagem, tenham um dos mais altos níveis de antioxidantes entre as frutas.

assado de batata com queijo

preparo: 15 minutos | **cozimento:** 30 minutos | 4 **porções**

15 g de manteiga

1 kg de batatas fatiadas com casca

buquês de 1 couve-flor

420 g de ervilha sem a água

600 ml de leite desnatado

amido de milho

2 colheres (chá) de mostarda Dijon

1 dente de alho cortado na metade

uma grande pitada de noz-moscada

125 g de queijo cheddar light picado

pimenta

1 Unte ligeiramente uma travessa rasa com a manteiga.

2 Cozinhe as batatas e os buquês de couve-flor por 10 minutos ou até que fiquem macios. Acrescente as ervilhas e cozinhe por mais 1 minuto. Escorra.

3 Faça um molho branco com o leite desnatado e o amido de milho e acrescente a mostarda.

4 Esfregue o dente de alho no lado de dentro da travessa untada. Coloque as batatas, a couve-flor e as ervilhas na travessa e cubra com o molho. Salpique com a noz-moscada e a pimenta.

5 Espalhe o queijo picado por cima das batatas. Coloque em forno preaquecido bem quente por 5 minutos ou até que o queijo esteja derretido e a cobertura crocante fique dourada.

informação nutricional por porção
Calorias **460**
Proteínas **28 g**
Carboidratos **69,3 g**
Sódio **1.062 mg**
Gorduras **9,9 g**
Gorduras saturadas **4,4 g**
IG **Baixo**

bolo de ameixa e damasco

preparo: 10 minutos | **cozimento:** 30-40 minutos | 4 **porções**

50 g de margarina com baixo teor de gordura

50 g de açúcar mascavo

1 ovo batido

50 g de farinha integral com fermento

1 colher (sopa) de leite desnatado

50 g de ameixas

50 g de damascos secos

creme de ovos feito com leite desnatado para acompanhar

informação nutricional por porção
Calorias **197**
Proteínas **4,7 g**
Carboidratos **31,3 g**
Sódio **157 mg**
Gorduras **6,9 g**
Gorduras saturadas **1,9 g**
IG **Baixo**

1 Bata a margarina com o açúcar até obter uma mistura leve e fofa. Acrescente o ovo aos poucos, certificando-se de que esteja sendo bem absorvido. (Acrescente um pouco da farinha junto com o ovo, se desejar.) Adicione o resto da farinha com cuidado e depois o leite. A consistência deve ficar espessa.

2 Unte levemente um pirex com 18 cm de diâmetro. Coloque um pouco de água e arrume as ameixas e os damascos no fundo.

3 Despeje a mistura do bolo e espalhe uniformemente. Cozinhe em forno preaquecido, em temperatura de 180°C ou nível 4, por 30-40 minutos.

4 Sirva quente com o creme de ovos.

8º dia

É o primeiro dia de uma nova semana, por isso, ao acordar, passe alguns minutos repetindo para si mesmo uma afirmação positiva, como "Vou conseguir manter este plano por mais uma semana" ou "Hoje vou fazer escolhas saudáveis". Isso altera a parte do cérebro voltada para as realizações e ajuda você a focalizar seus objetivos com mais facilidade.

alimentação

café-da-manhã

1 copo de suco de laranja
150 ml

1 bagel ou rosca integral com cream cheese light
Espalhe uma fina camada de cream cheese light ou queijo cottage na rosca integral.

ALTERNATIVA
tigela de cereais
3 colheres (sopa) de cereais com 200 ml de leite desnatado

lanche

frutas vermelhas da estação ou 1 pêra

almoço

salada de arroz selvagem e amendoim torrado
(veja p. 60)

ALTERNATIVA
lingüiça picante e salada de macarrão (veja p. 61)

sobremesa

frozen yogurt
150 g

lanche

sementes de abóbora
25 g

jantar

truta com legumes
Cozinhe 125 g de filé de truta de acordo com as instruções da embalagem e sirva com ervilha-torta e brócolis cozidos no vapor e 50 g de batata cozida amassada e 4 colheres (sopa) de grão-de-bico.

ALTERNATIVA
hambúrguer vegetariano picante
Grelhe 125 g de hambúrguer vegetariano picante e sirva com 50 g de batata cozida amassada e 4 colheres (sopa) de grão-de-bico, mais purê de ervilha feito com um pacote de ervilhas pré-cozidas.

sobremesa

gelatina cremosa
Faça gelatina diet de acordo com as instruções da embalagem, mas use leite desnatado em vez de água.

importante

Frutas sazonais, como carambola, são ótimas para revigorar a dieta. Também podem desencorajar a gula. Segundo a American Dietetic Association, as pessoas não exageram quando ingerem alimentos menos familiares, por isso, se experimentar, você pode ficar realmente mais magro.

boa forma

Em cada um dos dias desta semana, escolha um lugar para onde você normalmente vai de carro (ou de ônibus) e faça o mesmo caminho a pé, de bicicleta ou até de skate, se preferir. Você pode sair para comprar um jornal, ir até a estação de metrô, pegar o leite que esqueceu ou ir até o consultório do médico para aquela consulta marcada na hora do almoço.

Você pode decidir que a partir de agora vai usar esse transporte alternativo sempre que seu destino ficar a menos de 5 minutos de carro ou de ônibus.

bem-estar

As pessoas já devem ter percebido que você está se alimentando de modo diferente – mas não se deixe levar pela tentação de contar a todo mundo que está tentando perder peso. Às vezes é melhor dizer que está tentando se alimentar melhor por causa da saúde, e não pelo peso. Isso evita que elas se sintam tentadas a oferecer doces ou chocolates.

salada de arroz selvagem e amendoim torrado

preparo: 5 minutos | **cozimento:** 30 minutos | 4 **porções**

125 g de arroz basmati

25 g de arroz selvagem

1 maço de cebolinha picada

125 g de uva-passa branca

125 g de amendoim torrado

4 colheres (sopa) de vinagre balsâmico

1 colher (sopa) de óleo de girassol

folhas de alface para servir

informação nutricional por porção
Calorias **427**
Proteínas **12 g**
Carboidratos **56 g**
Sódio **8 mg**
Gorduras **17,5 g**
Gorduras saturadas **3,1 g**
IG **Baixo**

1 Cozinhe os dois tipos de arroz de acordo com as instruções da embalagem e depois passe pela água fria.

2 Misture o arroz cozido, a cebolinha, as uvas-passas e os amendoins em uma tigela.

3 Misture o vinagre e o óleo em uma pequena tigela à parte e espalhe-os sobre a salada.

4 Sirva com as folhas de alface.

dica

Esta salada é prática para piqueniques e para ter na geladeira. Experimente acrescentar pepino, tomate e alface.

lingüiça picante e salada de macarrão

preparo: 10 minutos | **cozimento:** 15 minutos | 4 **porções**

dica

Esta é outra salada fácil de fazer, boa para piqueniques e para transportar. As lingüiças têm IG baixo – por isso, experimente vários sabores. Também podem ser usadas lingüiças vegetarianas, frango cozido ou carne cortados em pedaços pequenos no lugar das lingüiças.

250 g de macarrão parafuso integral

8 lingüiças com pouca gordura, totalizando 450 g

1 maço de cebolinha

½ **salsão**

50 ml de molho para salada feito com mostarda e mel

alface romana para servir

1 Cozinhe o macarrão de acordo com as instruções da embalagem e depois passe na água fria.

2 Faça furos nas lingüiças e depois grelhe, virando-as sempre para eliminar a gordura. Seque em papel-toalha e deixe esfriar.

3 Quando estiverem frias, corte-as em pedaços grandes. Corte a cebolinha e o salsão em pedaços.

4 Misture o macarrão, as lingüiças, o salsão e a cebolinha com o molho.

5 Sirva com as folhas de alface.

informação nutricional por porção
Calorias **418**
Proteínas **23,9 g**
Carboidratos **52,8 g**
Sódio **1.074 mg**
Gorduras **13,9 g**
Gorduras saturadas **4,5 g**
IG **Baixo**

9º dia

Você talvez perceba que está recebendo elogios à sua boa aparência. Isso porque já começou a perder peso, mas também porque, com toda a água que está tomando – e a grande quantidade de frutas e legumes, além da diminuição do açúcar –, sua pele também deve ter desenvolvido um brilho saudável.

alimentação

café-da-manhã

½ grapefruit

feijões assados com torrada de pão azedo
4 colheres (sopa) de feijões assados sobre 1 torrada de pão azedo ou pão de linhaça

ALTERNATIVA
pão australiano com banana
2 fatias de torradas de pão australiano cobertas com uma banana fatiada

lanche

4 castanhas-do-pará

almoço

salada de frango pronta
Junto com uma salada de frango pronta (com molho light), você pode comer 4 fatias de pão sueco (de centeio, grãos ou sementes).

ALTERNATIVA
sanduíche de presunto e salada
Faça com 2 fatias de pão de soja/linhaça, alface, tomate e 25 g de presunto magro.

sobremesa

pudim de verão
(veja p. 65)

lanche

1 nectarina grande ou 1 pêssego

jantar

couve-flor e grão-de-bico ao curry
(veja p. 64)

ALTERNATIVA
bolinhos de salmão e batata-doce picante
Misture 50 g de salmão cozido (ou atum em lata) por pessoa com lentilhas cozidas, batatas amassadas e 1 ovo batido; passe na farinha de rosca e frite em 1 colher (sopa) de óleo. Sirva com batata-doce em fatias finas, regada com molho de pimenta e assada por 20 minutos, e salada verde.

sobremesa

melão com framboesas
Corte uma fatia de melão e sirva com framboesas.

boa forma

Fazer um circuito é ótimo para queimar calorias sem ficar entediada. Exercite-se para estar em condições de fazer quatro vezes estes cinco exercícios. Siga um ritmo que lhe permita falar, mas não manter uma conversa.

1 Caminhada sem sair do lugar por 1 minuto.

2 Passadas largas: dê um grande passo à frente, abaixe os quadris, fique assim por 1 minuto; erga-se e dê outra passada. Repita, indo para a frente e para trás pelo ambiente durante 1 minuto.

3 Pulos estelares: em pé, com os pés separados na largura do quadril, pule e caia no chão com as pernas fechadas; repita e caia com as pernas abertas. Repita por 1 minuto.

4 Coloque uma bola (ou algo do mesmo tamanho) no chão e pule por cima de um lado para o outro. Repita por 1 minuto.

5 Suba e desça escadas por 1 minuto.

bem-estar

Para você, as fomes de açúcar agora já devem ser coisa do passado – os seus níveis de açúcar devem estar sob controle, embora ainda possa surgir uma vontade de comer um doce por volta das 3 da tarde. Caso isso aconteça, fique sentado por alguns segundos e visualize um arco-íris ou algumas rosas. Pesquisas da Universidade Flinders, na Austrália, descobriram que isso ajuda a dissolver os desejos por comida. Isso provavelmente porque você desvia o pensamento, colocando algo agradável no lugar.

importante

A castanha-do-pará tem altos níveis de selênio, que age como antioxidante e ajuda o corpo a combater infecções e doenças do coração.

couve-flor e grão-de-bico ao curry

preparo: 10 minutos | **cozimento:** 30 minutos | 4 **porções**

1 colher (sopa) de óleo de canola

1 cebola grande picada

1-2 dentes de alho amassados

2 colheres (sopa) de pasta de curry

1 couve-flor cozida em buquês separados

400 g de grão-de-bico cozido

2 batatas grandes picadas com casca

400 g de tomate em lata picados

folhas de coentro

arroz basmati para acompanhar

1 Aqueça o óleo em uma panela antiaderente. Frite a cebola e o alho até ficarem macios.

2 Acrescente a pasta de curry e cozinhe por 1 minuto.

3 Junte a couve-flor, o grão-de-bico, as batatas e os tomates. Deixe ferver, cubra e deixe cozinhar lentamente durante 20-30 minutos ou até que as batatas estejam cozidas.

4 Retire a tampa e deixe ferver mais um pouco para reduzir o líquido e deixá-lo mais espesso. Acrescente as folhas de coentro.

5 Sirva com arroz basmati.

dica

Esta é uma receita fácil e econômica. Se você gosta do curry realmente picante, acrescente um pouco de chilli em pó. Outros legumes, como abobrinha e cogumelos, podem ser adicionados à couve-flor e ao grão-de-bico. Se desejar, acrescente também 100 g de carneiro ou carne cozidos.

informação nutricional por porção
Calorias **285**
Proteínas **13,9 g**
Carboidratos **41,3 g**
Sódio **345 mg**
Gorduras **8,3 g**
Gorduras saturadas **0,6 g**
IG **Baixo**

pudim de verão

preparo: 30 minutos, mais o tempo de geladeira | **cozimento:** 10 minutos | 4 **porções**

500 g de ameixa, cereja, maçã e framboesa picadas

25 g de açúcar refinado

75 ml de água

6 fatias de pão de cereais do dia anterior

queijo branco fresco light para acompanhar

dica

Você também pode usar as frutas congeladas nesta receita.

informação nutricional por porção
Calorias **164**
Proteínas **5,2 g**
Carboidratos **35,2 g**
Sódio **223 mg**
Gorduras **1,5 g**
Gorduras saturadas **0,2 g**
IG **Baixo**

1 Coloque as frutas e o açúcar em uma panela. Deixe aquecer lentamente e cozinhe durante 10 minutos. Escorra as frutas, deixando o suco em uma tigela.

2 Corte dois círculos de pão para ficar embaixo e em cima de uma fôrma de pudim. Corte o restante do pão, molhe no suco e coloque nas laterais.

3 Disponha as frutas na fôrma e cubra com o outro círculo de pão. Cubra com um prato e coloque uma lata ou um peso em cima. Deixe na geladeira até o dia seguinte.

4 Retire os pesos e o prato e coloque uma travessa por cima. Segurando firme a travessa, vire a fôrma para soltar o pudim.

5 Sirva com queijo fresco light.

10º dia

Você está quase chegando ao fim do plano de 14 dias, e neste momento sua força de vontade pode falhar, por isso fique alguns minutos diante do espelho nesta manhã. Observe as mudanças. Porém, o mais importante é focalizar as regiões do corpo de que você realmente gosta. Acredita-se que isso duplique as suas chances de chegar ao fim da dieta sem problemas.

alimentação

café-da-manhã

bolos de batata
(veja p. 68)

ALTERNATIVA
müsli sem açúcar
2 colheres (sopa) de müsli sem açúcar com 200 ml de leite desnatado coberto com 1 maçã assada

lanche

2 ameixas

almoço

sanduíche de ovo
2 fatias de pão australiano recheadas com um ovo cozido fatiado, agrião e 1 colher (chá) de maionese light

ALTERNATIVA
sardinha com salada
125 g de sardinha em conserva em molho de tomate com salada verde e pão australiano

sobremesa

1 tigela de morangos com queijo branco fresco light

lanche

musse de chocolate light
1 potinho pequeno (150 g) comprado em supermercado

jantar

filé picante
(veja p. 69)

ALTERNATIVA

couve-flor com queijo

Use ¼ de uma couve-flor e um molho de queijo feito com 25 g de queijo magro e 150 ml de leite desnatado engrossado com amido de milho. Sirva com 200 g de feijões torrados.

sobremesa

abacaxi e framboesa

2 fatias de abacaxi em lata com framboesas

boa forma

Pular em uma cama elástica não é somente uma maneira divertida de queimar cerca de 400 calorias por hora; acredita-se que seja importante para aumentar a atividade do sistema linfático, que elimina as impurezas do corpo. A inatividade do sistema linfático é uma das principais causas da celulite; por isso, talvez seja bom experimentar esse exercício (o levantamento de pesos também é extremamente eficiente no combate à celulite). Você pode encontrar uma cama elástica em grandes lojas de artigos esportivos.

bem-estar

Coloque o *lagom* em sua vida. Esta palavra sueca significa "o suficiente" e remonta a uma velha tradição *viking* em que as pessoas costumavam se reunir em torno de uma taça de hidromel comunitária; elas não queriam beber demais para que houvesse o suficiente para todos. E essa é uma boa forma de pensar nas coisas da sua vida: trabalho demais não permite que haja tempo para a família e os amigos; o excesso de tarefas domésticas não permite que você tenha tempo para si mesmo. Coloque o *lagom* em tudo o que fizer – inclusive na perda de peso; na verdade, você hoje vai ganhar um chocolate para ajudá-lo nisso.

importante

O bife é uma excelente fonte de ferro, que falta a muitas pessoas (especialmente às mulheres). Isso é uma pena, porque o baixo índice de ferro leva à fadiga – e a um metabolismo lento.

bolos de batata

preparo: 10 minutos | **cozimento:** 6 minutos | 4 **porções**

250 g de batata amassada

198 g de milho cozido em lata

2 colheres (sopa) de farelo de aveia

1 ovo pequeno ligeiramente batido

1 colher (sopa) de óleo de girassol

tomates e cogumelos para acompanhar

1 Misture a batata, o milho escorrido, o farelo de aveia e o ovo em uma tigela grande. Divida a mistura em quatro e molde em círculos achatados.

2 Aqueça o óleo em uma panela antiaderente grande e coloque um bolo de cada vez. Cozinhe por 3 minutos, vire e cozinhe por mais 3 minutos.

3 Sirva com os tomates e os cogumelos.

dica

Os bolos de batata compõem um café-da-manhã substancial. Também podem ser servidos em outras refeições e vão muito bem com feijões assados.

informação nutricional por porção
Calorias **148**
Proteínas **4,5 g**
Carboidratos **21,5 g**
Sódio **26 mg**
Gorduras **5,4 g**
Gorduras saturadas **0,8 g**
IG **Baixo**

filé picante

preparo: 10 minutos | **cozimento:** 15 minutos | 4 **porções**

1 colher (sopa) de azeite

2 cebolas picadas

1-2 dentes de alho amassados

1 pedaço de gengibre de 2,5 cm picado

25 g de farinha de trigo

½ colher (chá) de cúrcuma

½ colher (chá) de pimenta em pó

1 filé de 400 g cortado em tiras

1 colher (sopa) de shoyu

25 g de amendoim torrado

500 ml de leite desnatado

legumes refogados para acompanhar

1 Aqueça o azeite em uma panela e frite a cebola, o alho e o gengibre por 3-5 minutos. Misture a farinha e os temperos em uma tigela e cubra a carne com ela, mexendo para cair o excesso e reservando o resto da mistura.

2 Junte a carne à panela e frite por 3 minutos ou até ficar marrom.

3 Incorpore o shoyu e o amendoim à mistura de farinha que sobrou e deixe cozinhar por mais 2 minutos, mexendo sempre.

4 Acrescente o leite aos poucos e mexa até o molho engrossar e ferver. Cozinhe por 1 minuto, tampe e cozinhe por mais 5 minutos.

5 Sirva com os legumes refogados.

informação nutricional por porção
Calorias **257**
Proteínas **27,4 g**
Carboidratos **14,2 g**
Sódio **215 mg**
Gorduras **10,7 g**
Gorduras saturadas **2,6 g**
IG **Baixo**

dica

A carne é uma grande fonte de ferro. Para mudar este prato de maneira surpreendente, use fígado em vez do filé, ou experimente carne de porco. O molho é delicioso e fácil de fazer – o segredo é acrescentar o leite lentamente. Se quiser outra variação, use leite de coco light.

11º dia

O chocolate de ontem talvez tenha deixado você mais alegre, mas, para ficar ainda mais animado, tente vestir uma calça (ou qualquer peça de roupa) que normalmente fica um pouco justa. Agora já deve estar confortável – e até um pouco larguinha. Você também já deve ter percebido que suas tarefas diárias para entrar em forma estão ficando mais fáceis, pois seu preparo físico está melhor.

alimentação

café-da-manhã

leite batido
Bata no liquidificador um punhado de frutas vermelhas com 150 ml de leite desnatado.

ALTERNATIVA
granola com amora
(veja p. 72)
Sirva com 200 ml de leite desnatado.

lanche

2 biscoitos de aveia com 1 fatia fina de queijo magro

almoço

falafel

4-5 falafels feitos de acordo com as instruções da embalagem, acompanhados de pão sírio pequeno com alface picada, pepino e cenoura cobertos por iogurte natural com hortelã fresca

ALTERNATIVA

salada de atum

50 g de atum em lata, escorrido, acompanhado por uma porção farta de salada verde, tomate-cereja, 1 colher (chá) de molho italiano para salada light e 4 fatias de pão sueco

sobremesa

fatias de manga e cerejas

lanche

1 pêra

jantar

hambúrgueres de peru

(veja p. 73)

Sirva com pão australiano, relish de cebola e tomate e salada de folhas ou legumes assados, como pimentões, cogumelos, berinjela, abobrinha e tomate

ALTERNATIVA

refogado de legumes

Feito com legumes à sua escolha e 50 g de macarrão oriental. Acrescente 1 colher (chá) de molho agridoce para temperar.

sobremesa

pudim instantâneo com chantilly

usando leite desnatado

boa forma

Reserve um tempo para se alongar. O alongamento dos músculos não só ajuda a aliviar a tensão do corpo como também melhora a postura (e uma boa postura faz com que você pareça 3 kg mais magro).

Para fazer um bom alongamento, de manhã e à noite, dos ombros, pernas e tronco, fique em pé no vão da porta com um dos braços apoiados no batente e abaixe o máximo que puder. Fique assim por 30-60 segundos e depois repita com o outro braço.

bem-estar

A retenção de líquidos é um problema comum para muitas mulheres – acrescentando alguns quilos à balança e alguns centímetros à cintura. Para descobrir se você sofre desse problema, use o indicador para apertar a perna em três ou quatro lugares diferentes. Se ficar branco por mais de alguns segundos depois de tirar o dedo, você está retendo líquido.

Tomar 2 litros de água por dia ajuda, mas será melhor ainda se a partir de agora, até o fim do plano, você incluir na sua dieta diária 2 xícaras de chá de dente-de-leão. Esse diurético natural, ao contrário de outras bebidas diuréticas, não interfere negativamente nos níveis de vitamina e minerais.

importante

A alimentação baseada no IG é boa para toda a família – na verdade, as crianças que seguem uma dieta de IG baixo costumam ter menos problemas de obesidade. Por isso, a família inteira pode seguir este plano, adaptando o tamanho das porções ao apetite e aos níveis de atividade.

granola com amora

preparo: 10 minutos | **cozimento:** 4-6 horas | 4 **porções**

175 g de flocos de aveia

50 g de amoras secas

1 colher (sopa) de óleo de girassol

2 colheres (sopa) de mel

leite desnatado ou iogurte natural para acompanhar

1 Coloque todos os ingredientes em uma tigela aquecida e mexa até que os flocos de aveia estejam uniformemente cobertos pelo óleo e pelo mel.

2. Despeje a mistura em uma assadeira antiaderente, certificando-se de que não haja torrões.

3 Leve ao forno preaquecido, a 100°C ou perto do nível 1 do forno, por cerca de 4-6 horas, mexendo de vez em quando para evitar que grude ou fique marrom.

4 Quando estiver crocante, retire do forno e deixe esfriar. Guarde em recipiente hermeticamente fechado. A mistura permanecerá fresca se não tiver umidade.

5 Sirva com leite desnatado ou iogurte light.

dica

É muito fácil fazer granola. Você também pode acrescentar um pouco de canela em pó ou gengibre antes de cozinhar.

informação nutricional por porção
Calorias **124**
Proteínas **2,8 g**
Carboidratos **22,1 g**
Sódio **8 mg**
Gorduras **3,3 g**
Gorduras saturadas **0,2 g**
IG **Baixo**

hambúrgueres de peru

preparo: 16 minutos, mais o tempo de resfriamento | **cozimento:** 12-14 minutos | 4 **porções**

250 g de peito de peru bem magro moído

1 cebola pequena ralada

2 abobrinhas pequenas raladas

1 colher (chá) de shoyu

1 ovo

50 g de cascas de pão

50 g de farinha de aveia

pimenta

4 pães australianos, relish de tomate e cebola, e salada de folhas ou legumes crocantes para acompanhar

1 Misture todos os ingredientes em uma tigela. Cubra e deixe na geladeira por 30 minutos. Divida a mistura em 4 e molde os hambúrgueres com as mãos.

2 Preaqueça o forno em temperatura média. Cubra a superfície com papel-alumínio e coloque os hambúrgueres. Cozinhe por 6-7 minutos de cada lado até que esteja bem cozido.

3 Sirva com o pão australiano, relish de tomate e cebola e salada de folhas crocantes ou legumes refogados à sua escolha, como pimentão, cogumelo, berinjela, abobrinha e tomate.

informação nutricional por porção
Calorias **258**
Proteínas **33,5 g**
Carboidratos **20,7 g**
Sódio **214 mg**
Gorduras **5,1 g**
Gorduras saturadas **1,1 g**
IG **Baixo**

12º dia

Faltam só três dias; por isso, mantenha-se focado. Muitas pessoas cometem deslizes quando estão quase terminando uma dieta, pois se dispersam e começam a beliscar coisas da geladeira ou a usar os olhos em vez das medidas para determinar o tamanho das porções. Não deixe que isso aconteça com você – lembre-se de que as calorias ainda contam, mesmo que esteja comendo alimentos com IG baixo.

alimentação

café-da-manhã

1 copo de suco de grapefruit
150 ml

1 tigela de cereais matinais ou müsli com pouco açúcar
3 colheres (sopa) de cereal com 200 ml de leite desnatado

ALTERNATIVA
bagel com ovo
½ bagel (ou rosca) integral coberto com 1 ovo poché ou ovo mexido com um pouco de leite desnatado

lanche

2 biscoitos de aveia cobertos com 1 colher (chá) de queijo cottage

almoço

fajitas de carne de porco e abacaxi
(veja p. 77)

ALTERNATIVA
batata assada com atum e milho
250 g de batatas cobertas com 50 g de milho e atum em lata

sobremesa

1 fatia de melão

lanche

1 porção de nozes, sementes e uvas-passas
25 g

jantar

macarrão oriental
(veja p. 76)

ALTERNATIVA
sopa acompanhada por salada com presunto
1 lata de sopa de tomate ou de legumes de 1,2 kg
1 fatia de presunto magro (25 g) com tomate e pepino fatiados, cenoura ralada, cebolinha, pimentão e alface. Sirva com fatias de pão sueco de centeio.

sobremesa

damascos com iogurte natural
Use damascos frescos ou secos.

boa forma

Experimente um pouco de "treinamento intervalado". Essa atividade pode ser incorporada aos exercícios que você gosta de fazer – seja bicicleta, caminhada, corrida ou natação. Para isso, em intervalos de 2 a 4 minutos (dependendo do seu preparo físico), acrescente uma aceleração de 30 segundos, em que você vai fazer o máximo que puder. Recupere-se e repita. Faça isso umas três ou quatro vezes durante o período de exercícios para fortalecer os pulmões e maximizar a aceleração do metabolismo, ativado pelos exercícios.

bem-estar

Estamos no final da semana, por isso, apesar dos poderes da dieta IG para combater a fadiga, você pode estar um pouco cansado. Renove-se com uma técnica simples da acupressão. Tudo o que precisa fazer é localizar as pequenas depressões na nuca, com cerca de 2 dedos de largura. Coloque os dedos das mãos nesses pontos e use os polegares para pressioná-los delicadamente durante 30 segundos.

importante

Mesmo que não mantenha todos os hábitos depois que terminar a dieta baseada no IG, ao fazer um lanche com IG baixo no meio da manhã você já se sentirá mais energizado que o habitual.

macarrão oriental

preparo: 20 minutos | **cozimento:** 15 minutos | 4 **porções**

125 ml de shoyu light

2 colheres (sopa) de vinagre de arroz

2 colheres (sopa) de molho agridoce

500 g de carne de porco magra cortada em tiras

250 g de macarrão oriental

4 cenouras pequenas

1 pimentão vermelho sem pele e sem sementes

125 g de ervilha-torta

175 g de milho cozido

3 colheres (sopa) de óleo de girassol

4 cebolinhas cortadas

pimenta

informação nutricional por porção
Calorias **316**
Proteínas **32,4 g**
Carboidratos **15,1 g**
Sódio **591 mg**
Gorduras **13,9 g**
Gorduras saturadas **2,8 g**
IG **Baixo**

1 Misture o molho de soja, o vinagre, o molho agridoce e um pouco de pimenta em um prato raso. Coloque a carne de porco e cubra bem. Deixe descansar por 30 minutos em um prato coberto na geladeira.

2 Cozinhe o macarrão em água fervente por 5 minutos e escorra.

3 Corte as cenouras em palitos de 5 cm. Corte o pimentão vermelho em tiras de 5 cm. Escalde todos os legumes em água fervente, menos a cebolinha, por 2 minutos e escorra.

4 Aqueça o óleo em uma panela antiaderente ou wok. Refogue o porco até que comece a ficar marrom. Acrescente os legumes e cozinhe rapidamente. Junte o macarrão e o molho marinado. Refogue por 5 minutos.

5 Salpique com cebolinha na hora de servir.

dica

Esta receita é muito fácil e inclui vários legumes. Se quiser, use também abobrinha, feijão-azuqui, ervilhas congeladas e brotos de feijão. Você também pode comprar o macarrão pré-cozido, o que diminui o tempo de preparo.

fajitas de carne de porco e abacaxi

preparo: 10 minutos | **cozimento:** 10 minutos | 4 **porções**

½ colher (sopa) de azeite

1 cebola pequena picada

200 g de carne de porco magra moída

2 dentes de alho amassados

1 pimentão vermelho sem casca e sem sementes picado

4 cogumelos grandes fatiados

2 fatias de abacaxi em calda picadas

2 colheres (sopa) de suco de abacaxi

1 colher (sopa) de suco de tomate

1 colher (sopa) de shoyu

uma pitada de pimenta

125 g de brotos de feijão

8 fatias de pão-folha

folhas de salada para acompanhar

informação nutricional por porção
Calorias **334**
Proteínas **18,6 g**
Carboidratos **56,7 g**
Sódio **419 g**
Gorduras **5,2 g**
Gorduras saturadas **1,2 g**
IG **Baixo**

1 Aqueça o azeite em uma panela antiaderente e frite a cebola até ficar macia.

2 Acrescente a carne de porco e o alho e frite por mais 3-4 minutos, ou até que fique cozido.

3 Adicione todos os outros ingredientes, menos os brotos de feijão, e frite rapidamente por 3-4 minutos, até ficarem macios.

4 Junte os brotos de feijão e, mexendo sempre, cozinhe rapidamente por mais 1-2 minutos.

5 Logo em seguida, aqueça os pães-folha.

6 Coloque um pouco da mistura no meio de cada pão e dobre para segurar o recheio. Sirva imediatamente com salada de folhas.

13º dia

É provável que estejamos de novo em um fim de semana, mas este não deverá colocar sua força de vontade à prova. Em parte, porque falta apenas um dia, mas também porque, agora que você já viu como essa dieta o deixa satisfeito – além de energizado e com aparência saudável –, não há motivo para trapacear.

alimentação

café-da-manhã

1 copo de suco de grapefruit
150 ml

1 ovo cozido e 1 torrada de pão australiano

ALTERNATIVA
mingau de aveia
Feito com 3 colheres (sopa) de flocos de aveia e 200 ml de água ou leite desnatado. Acrescente 1 banana pequena.

lanche

1 maçã

almoço

assado substancioso com nozes
(veja p. 80)

ALTERNATIVA
salada pronta (com menos de 300 calorias) com frango grelhado e molho light

sobremesa

1 banana

lanche

amendoim sem casca e uvas-passas
25 g

jantar

risoto fácil e rápido

Refogue uma cebola com um mínimo de azeite em uma frigideira grande e acrescente vários legumes, como pimentão vermelho, cogumelos e salsão. Quando estiverem macios, adicione 75 g de arroz basmati cozido, 50 g de frango cozido, ervilhas e feijões, 1 colher (chá) de extrato de tomate, orégano e um pouco de água. Deixe cozinhar até que a água evapore e os legumes estejam cozidos.

ALTERNATIVA

pizza

Cubra um disco de pizza pequeno com 2 colheres (sopa) de molho de tomate, 25 g de queijo ralado light e quanto quiser de cebola picada. Sirva com uma salada feita com pimentão vermelho, brócolis e 1 colher (sopa) de milho cozido.

sobremesa

panqueca integral com cerejas

(veja p. 81)

boa forma

Exercício não precisa ser feito com shorts e agasalho: a jardinagem também queima calorias e tonifica os músculos. Se tiver um jardim, hoje você pode cuidar das plantas – cavar a terra, limpar as folhas velhas e cortar a grama (manualmente) são ótimas atividades para queimar calorias.

bem-estar

Leia o caderno de artes e espetáculos e faça uma reserva para a semana que vem. A expectativa eleva os níveis de endorfina (hormônios liberados durante os exercícios e que melhoram o humor), e isso ajudará você a se sentir bem durante a próxima semana, depois que terminar a dieta – e quem sabe isso evite que procure comer o que não deve.

importante

Observe a quantidade de sal nos alimentos, especialmente nos cereais – alguns são mais salgados do que a água do mar. O ideal é não ingerir mais do que 6 g de sal por dia: isso equivale a 2.400 mg de sódio. Verifique as embalagens dos alimentos cuidadosamente.

assado substancioso com nozes

preparo: 15 minutos | **cozimento:** 45 minutos | 4 **porções**

2 alhos-porós fatiados

2 talos de salsão fatiados

125 g de grão-de-bico cozido e amassado

125 g de arroz integral cozido

50 g de nozes, castanhas e derivados picados

2 colheres (chá) de extrato de levedura

1 colher (chá) de temperos frescos picados

2 ovos batidos

5 g de margarina com poucas calorias

20 g de cascas de pão

sal e pimenta

cenouras e brócolis no vapor para acompanhar

informação nutricional por porção
Calorias **240**
Proteínas **12,8 g**
Carboidratos **21,2 g**
Sódio **576 mg**
Gorduras **12,2 g**
Gorduras saturadas **2,3 g**
IG **Baixo**

1 Coloque um pouco de água em uma panela e cozinhe em fogo baixo o alho-poró e o salsão até ficarem macios. Deixe esfriar um pouco.

2 Em uma tigela, coloque o alho-poró e o salsão com o grão-de-bico, o arroz, as nozes, o extrato de levedura, os temperos e a pimenta e mexa. Depois acrescente os ovos e mexa novamente.

3 Forre uma forma de pão de 450 g com papel-manteiga, unte bem com a margarina e salpique com as cascas de pão. Coloque a mistura na fôrma.

4 Cozinhe em forno preaquecido a 190°C, ou nível 5, por 45 minutos.

5 Sirva em fatias com as cenouras e o brócolis cozidos no vapor.

panqueca integral com cerejas

preparo: 10 minutos, mais o tempo de descanso | **cozimento:** 16 minutos | 4 **porções**

25 g de farinha integral

25 g de farinha de trigo

75 ml de leite desnatado

1 ovo levemente batido

1 colher (sopa) de óleo de girassol

cerejas frescas ou em lata

iogurte natural e canela para servir

1 Misture os dois tipos de farinha, acrescente o leite e o ovo, mexendo até virar um creme. Adicione mais leite se a mistura estiver muito grossa, ou mais farinha se estiver muito fina.

2 Deixe descansar por 1 hora na geladeira em uma tigela coberta.

3 Aqueça o óleo em uma frigideira antiaderente pequena. Despeje uma pequena quantidade da mistura, deixando que escorra uniformemente pela base da frigideira.

4 Cozinhe de um lado e depois do outro. Repita com o resto da mistura até fazer 8 panquecas finas. Mantenha-as quentes enquanto estão sendo feitas.

5 Cozinhe as cerejas em fogo baixo com um pouco de água. Se estiver usando cerejas em lata, coloque-as em uma peneira e lave com água corrente.

6 Disponha as cerejas cozidas nas panquecas e sirva com iogurte natural salpicado com canela.

dica

Você pode usar outra fruta, como pêra ou maçã. E por que não tentar um recheio mais aromático?

informação nutricional por porção
Calorias **93**
Proteínas **3,8 g**
Carboidratos **9,7 g**
Sódio **29 g**
Gorduras **4,6 g**
Gorduras saturadas **0,8 g**
IG **Baixo**

14º dia

Oficialmente, este é o último dia da dieta, e tomara que você tenha perdido os quilos que queria. Se ainda quiser perder mais, pode repetir a dieta (usando as dicas para mudar algumas coisas) ou usar as tabelas das páginas 110-125 para elaborar seus próprios cardápios. Procure ficar em torno de 1.500 calorias por dia para as mulheres e 2.000 calorias para os homens.

alimentação

café-da-manhã

1 copo de suco de maçã
150 ml

mingau de aveia
Faça com 3 colheres de flocos de aveia e 200 ml de água ou leite desnatado.

ALTERNATIVA
ovo poché e torrada
Sirva o ovo com uma fatia de pão azedo, de soja/linhaça ou pão australiano torrado e tomates grelhados.

lanche

sementes de girassol
25 g

almoço

frango com lima e limão e legumes assados
(veja p. 85)

ALTERNATIVA
salsichas vegetarianas assadas e legumes
2 salsichas vegetarianas com molho de maçã, acompanhadas por 175 g de batatas e batatas-doces assadas com a casca, cenouras, ervilhas e repolho crespo

sobremesa

salada de frutas verde e vermelha
(veja p. 84)

lanche

sorvete light
50 g

jantar

omelete de cogumelos
Prepare com 2 ovos e sirva com uma fatia pequena de pão sírio integral e uma salada de folhas, pimentão fatiado, cenoura ralada e hortelã misturada com suco de limão.

ALTERNATIVA
refogado de filé de porco
Acrescente um pequeno filé de porco grelhado a um refogado de legumes, incluindo ervilha-torta, macarrão oriental, shimeji preto, tomate-cereja e abobrinha. Sirva com um pão sírio integral pequeno.

sobremesa

2 fatias de abacaxi com cerejas

boa forma

Por que não marcar uma hora para conhecer a academia mais próxima? A maioria das academias permite que você experimente para ver se gosta. É possível fazer uma hora de exercício – conhecer uma nova modalidade de aula ou tentar um tipo diferente de musculação; na melhor das hipóteses, você vai adorar, inscrever-se e fazer com que o exercício faça parte da sua vida a partir de agora. Vamos lá, experimente.

importante

Lembre-se de que, ao perder peso, você não apenas melhorou a aparência como também reduziu os riscos de desenvolver doenças do coração, diabetes e muitos tipos de câncer.
Que bom!

bem-estar

Dê uma olhada no tamanho das porções do seu prato e memorize. O controle das porções não só é a maneira mais fácil de manter o peso de modo duradouro como também, segundo muitos especialistas, é o segredo para uma vida mais longa. Um estudo com a população de Okinawa (considerada a mais longeva da Terra) mostrou que suas pequenas porções de comida representam 1.500 calorias por dia (perto do que você consumiu nas últimas duas semanas).
Se mantiver as porções pequenas, não sobrecarregará a digestão, o que evitará a fadiga, o inchaço e a dor na região da barriga.

salada de frutas verde e vermelha

preparo: 10 minutos | 4 **porções**

4 kiwis

2 maçãs com casca

1 grapefruit

uvas sem caroço cortadas ao meio

4 colheres (sopa) de frutas vermelhas

8 colheres (sopa) de suco de amora diet

iogurte natural para acompanhar

1 Corte os kiwis e as maçãs e separe o grapefruit em gomos.

2 Misture com o resto das frutas e despeje o suco de amora por cima.

3 Sirva com o iogurte natural, calculando cerca de 75 g ou 1 pote por pessoa.

informação nutricional por porção
Calorias **74**
Proteínas **1,5 g**
Carboidratos **16,6 g**
Sódio **6 mg**
Gorduras **0,5 g**
Gorduras saturadas **0 g**
IG **Baixo**

dica

Esta receita simples também é maravilhosa no café-da-manhã e uma forma muito saudável de começar o dia. Você pode mudar a combinação de cores trocando as frutas.

frango com lima e limão e legumes assados

preparo: 10 minutos | **cozimento:** 1h30 | 4 **porções**

1 frango de 1,5 kg

3 limões fatiados

2 limas fatiadas

1 colher (sopa) de óleo de girassol

4 batatas-doces descascadas e cortadas em pedaços

4 abobrinhas cortadas em pedaços

2 cebolas cortadas em pedaços

1 pimentão vermelho grande sem casca e sem sementes cortado em pedaços

molho de frango para acompanhar

1 Lave o frango. Dentro dele, coloque 1 limão inteiro. Levante a pele e disponha fatias de lima e limão em cima do peito.

2 Ponha o frango em uma assadeira levemente untada.

3 Cubra com papel-alumínio e asse em forno preaquecido a 190°C, ou nível 5 do forno, por cerca de 1 hora e meia, ou até que esteja cozido. Retire o papel-alumínio nos últimos 5 minutos e molhe a ave com o suco que se formou. Verifique se o frango está cozido – o suco deve escorrer limpo quando você espeta um palito na parte mais grossa da coxa ou do peito.

4 Enquanto isso, asse os legumes. Em uma assadeira untada com o óleo, coloque os vegetais e esprema o que sobrou da lima e do limão. Asse durante 1 hora.

5 Sirva o frango e os legumes com o molho.

informação nutricional por porção
Calorias **486**
Proteínas **36,4 g**
Carboidratos **25,6 g**
Sódio **150 g**
Gorduras **27 g**
Gorduras saturadas **7 g**
IG **Baixo**

BOA FORMA

O exercício é parte importante de qualquer esforço para perder peso – na verdade, pesquisas do Centro Médico da Universidade Duke, nos EUA, descobriram que as pessoas que não fazem exercício ganham em média 1,8 kg por ano devido às calorias que não queimam por não realizar nenhuma atividade. Por isso, para obter os melhores resultados do programa de 14 dias, você precisará fazer um pouco de exercício.

Se você nunca fez exercícios antes, esta talvez não seja uma boa notícia. Mas lembre-se de que está cientificamente provado que, em uma dieta com IG baixo como esta, parece mais fácil do que o normal. A liberação lenta de glicose no corpo estará lhe dando o gás de que você precisa para se exercitar sem se cansar tanto; além disso, você consegue queimar mais gordura fazendo exercícios depois dessas refeições. Com essas informações na cabeça, eis o que você deve fazer.

Iniciantes

Nas próximas páginas você encontrará um programa que o ajudará a fortalecer e firmar seus músculos dos pés à cabeça. Fazendo um exercício a cada dia, você evita que os músculos fiquem cansados. No final da semana, você recomeça a partir da primeira série de exercícios – passando para os mais avançados, se achar que consegue. O ideal é que você faça também pelo menos duas das "tarefas" diárias (veja páginas 30-85) por semana; e/ou escolha um dos exercícios sugeridos nas páginas 104-107 e execute-os por 30 minutos duas vezes por semana.

Intermediários

Se você já pratica exercícios, pode intensificar seu treino: comece com as opções mais avançadas, repetindo a mesma série na segunda semana ou substituindo-a pelo seu programa na academia. Você também pode executar uma das "tarefas" pelo menos cinco vezes por semana e/ou escolher um dos exercícios sugeridos nas páginas 104-107, realizando-o por 30-60 minutos, de três a cinco vezes por semana.

Avançados

Se você pratica exercícios regularmente, fazer apenas uma série por dia de exercícios para tonificar talvez não seja suficiente. Substitua-os por seu programa habitual na academia ou, se o seu treino não for puxado, faça os exercícios sugeridos todos os dias, mas combine duas ou três séries, usando as opções avançadas. No dia seguinte, escolha duas ou três séries diferentes para garantir o descanso dos músculos trabalhados no dia anterior. Siga essa abordagem durante os 14 dias da dieta. Quanto ao trabalho aeróbico, você pode realizar uma "tarefa" por dia e/ou escolher um dos exercícios sugeridos nas páginas 104-107, fazendo-o por 30-60 minutos, cinco vezes por semana.

Exercício seguro é exercício feliz

Os exercícios podem ser feitos em casa, sem necessidade de equipamento especial, exceto pelos halteres, que você pode comprar em qualquer loja de artigos esportivos. Mas use tênis, pois eles dão apoio ao tornozelo. A cada dia você terá um exercício de aquecimento para reduzir os riscos de contusões, mas o ideal é que caminhe ou corra (depende do seu preparo) pelo jardim, suba ou desça escadas ou ande no lugar por 5 minutos antes de começar. Quem está muito acima do peso ou tem problemas de saúde deve consultar o médico ou falar com seu treinador antes de começar um programa de exercícios.

Exercícios para a vida

Os exercícios são importantes para manter o peso – sem eles, uma pessoa adquire 2 quilos a mais por ano. Se você já faz exercícios regularmente, continue a fazer o que fazia antes de completar o plano de 14 dias.

Lembre-se de que o corpo se acostuma à repetição dos exercícios, por isso considere a realização de uma ou duas "tarefas" a partir de agora. Mas, se você for iniciante, talvez precise de alguns conselhos.

A boa notícia é que o mais difícil já foi feito, pois você começou um programa de exercícios. Não desista agora. Após a dieta de 14 dias, continue a fazer os exercícios para tonificar durante as seis semanas seguintes. Depois passe para as sugestões mais avançadas e continue por mais seis semanas. Você vai melhorar o tônus muscular e terá flexibilidade suficiente para se inscrever em algum curso ou acompanhar um vídeo que desafie seu corpo e aprofunde os resultados. Quanto à parte aeróbica (coberta pelas "tarefas"), aumente a freqüência e a intensidade para manter as exigências sobre o corpo e melhorar seu preparo físico. A cada três semanas acrescente mais uma "tarefa", até ficar com uma por dia. Quando chegar nesse ponto (ou se já tiver chegado aí), é hora de partir para exercícios mais formais, como os sugeridos nas páginas 90-103. Comece com duas ou três sessões de 30-60 minutos por semana, avançando para cinco sessões por semana. Não importa o que fizer, aproveite – os exercícios têm efeito positivo sobre todas as partes do corpo, por isso cada sessão será boa para a saúde, além de manter a forma.

pense em você magro

Embora a maioria das pessoas pense que a perda de peso é uma questão puramente física, pesquisas sugerem que estar com a mente focada na dieta é tão importante quanto comer os alimentos certos – e vital quando se trata de manter o peso perdido. Novas pesquisas do National Weight Control Registry dos EUA (que monitora o comportamento das pessoas que conseguiram perder peso e se manter) descobriram que as pessoas mais lógicas, que usam mais a parte esquerda do cérebro, são mais bem-sucedidas do que as criativas, que usam a parte direita do cérebro, o que os levou a acreditar que a adoção do comportamento mais lógico é a chave para o sucesso. Por isso, experimente estas dicas.

1 Planeje

Pessoas que usam mais o lado esquerdo do cérebro são precisas e sabem o que vão comer todos os dias. Fazer compras com uma lista e obedecê-la ajuda.

2 Resolva os problemas

Se acredita que uma determinada situação está prejudicando seus esforços (digamos que você sempre fica com fome depois dos exercícios e come um biscoito, neutralizando as calorias que queimou), pense em algo para resolver essa situação. Você precisa comer algo saudável antes de começar os exercícios ou é melhor sumir com todos os biscoitos da casa? Qual é a melhor solução para você?

3 Escreva

Pessoas que usam o lado esquerdo do cérebro gostam de ver as coisas no papel. Uma vez por mês, escreva o que comeu, onde e como se sentia antes. Isso pode ajudar a identificar as calorias extras ou hábitos ruins que estejam prejudicando seus planos.

4 Crie uma rotina

Fixar uma hora do dia para os exercícios ou reservar 20 minutos todas as manhãs para preparar seu almoço ajudará você a permanecer concentrado em seus objetivos, além de garantir que os quilos perdidos continuem assim – para sempre.

1º e 8º dias

No 1º e no 8º dias do programa você vai se concentrar em dois exercícios para fortalecer os músculos centrais – aqueles que ficam em torno do abdômen. Eles são essenciais para ter um corpo saudável, mas também são extremamente importantes para metas rápidas: eles fortalecerão e tonificarão os músculos centrais; além disso, uma boa postura fará com que você pareça mais magro.

exercício para aquecer

a rotação

1

2

1 Em pé, com as pernas abertas na largura dos quadris e as mãos apoiadas neles, movimente-os de um lado para outro. Agora use as mãos para balançar a pelve para a frente e para trás, tensionando os músculos do estômago para erguer os quadris ao levar a pelve para a frente.

2 Afaste os pés e dobre os joelhos. Gire os quadris fazendo um círculo completo, primeiro no sentido horário e depois no anti-horário, usando os músculos do estômago para controlar o movimento. Repita de um lado para outro, para a frente e para trás, duas vezes.

exercício para tonificar
a região abdominal

Agora que a região central está aquecida, você pode fazer o exercício para tonificar o abdômen.

1

2

3

1 Deite de costas com os joelhos dobrados e os pés erguidos. Coloque as mãos atrás da cabeça e tente relaxá-la.

2 Erga a cabeça e os ombros do chão.

3 Erga ainda mais a cabeça e os ombros e segure; erga mais alguns centímetros e segure. Desça lentamente contando até três. Repita este exercício dez vezes na primeira semana; na segunda, tente fazer um número maior de repetições ou o dobro de exercícios.

para terminar

Corra durante 5 minutos no mesmo lugar para acelerar a circulação sangüínea.

2º e 9º dias

Músculos centrais fortes são importantes para a postura, e os músculos dos ombros são o segredo para ficar em pé com aparência esbelta. Os ombros precisam ficar relaxados (e não encurvados), e as escápulas devem ficar soltas (e não arredondadas para a frente). Estes dois exercícios vão ajudá-lo a fortalecer os músculos para que isso aconteça.

exercício para aquecer

o giro

1 Coloque as mãos nos ombros. Erga os braços e faça círculos com os cotovelos, apontando-os para o teto, depois para as costas e depois para o chão. Mantenha os ombros pressionados (comprima os músculos das costas) enquanto faz isso.

2 Gire os braços duas vezes, depois estique-os para fazer dois círculos completos com os braços estendidos.

exercício para tonificar

erguendo os braços

Faça este exercício quantas vezes forem necessárias para realmente sentir dor nos ombros! Quanto mais pesados os halteres, menos repetições terá de fazer. Quanto tiver atingido o ponto de "dor", descanse por 20 segundos, então recomece o exercício, fazendo o mesmo número de repetições. Na segunda semana, aumente o número de repetições; este também é um bom exercício para tentar pelo menos mais uma seqüência completa.

1

2

1 Pegue um haltere de 2-4 kg (você encontra em qualquer loja de artigos esportivos) ou use uma garrafa grande cheia de água como substituto. Segure com ambas as mãos na frente do corpo.

2 Erga o haltere até a altura do peito, fique nessa posição por 2 segundos e abaixe novamente.

para terminar

Passe 5 minutos saltitando pela sala, primeiro com uma perna e depois com a outra, para acelerar o sistema linfático.

3º e 10º dias

Nesses dias você vai trabalhar os músculos das pernas. Esses músculos em geral são fortes e tonificados, por isso respondem rapidamente quando estimulados. Mas estes dois exercícios também trabalham os músculos da parte de trás das coxas e das nádegas, ajudando a firmar a região mais problemática para a maioria das mulheres e a criar pernas mais fortes nos homens.

exercício para aquecer

agachamento leve

1 Fique em pé, com as pernas bem separadas e as mãos nos quadris. Agora dobre os joelhos – mas não muito –, empurrando-os sobre as pontas dos dedos dos pés. As nádegas devem estar abaixadas, bem atrás da linha das pernas.

2 Volte a esticar as pernas, erguendo o corpo. Dobre-as e estique-as várias vezes, sentindo os músculos das coxas, procurando evitar tensão nos joelhos.

exercício para tonificar

agachamento mantido

O fortalecimento dos músculos das coxas e das nádegas é uma ótima maneira de manter o excesso de gordura sob controle.

1

2

1 Com os pés paralelos, separe-os na largura dos quadris. Estique os braços para a frente e agache, dobrando os joelhos e abaixando as nádegas. As pernas devem estar dobradas, mas não mais do que 90°.

2 Mantenha-se abaixada e inspire cinco vezes, sentindo os músculos das nádegas. Endireite as pernas, comprimindo as nádegas para erguer-se. Repita dez vezes na primeira semana; na segunda, faça mais do que isso – ou realize duas ou três séries de dez repetições.

para terminar

Durante 5 minutos, corra de um lado ao outro do jardim (ou parque) para aumentar a capacidade pulmonar.

4º e 11º dias

Volte a trabalhar os músculos centrais – desta vez os músculos das costas, especialmente aqueles ao longo da coluna. Muitas pessoas se esquecem deles, privilegiando a barriga e as coxas, mas, se os músculos das costas estiverem fracos, o corpo todo ficará fora de alinhamento, com o estômago e os glúteos caídos (e, conseqüentemente, as nádegas).

exercício para aquecer

a curva

1 Com os pés ligeiramente separados e as mãos nas coxas, dobre os joelhos. Encurve o corpo para trás, encolhendo os músculos do estômago como se alguém tivesse lhe dado um soco.

2 Alinhe as costas de novo e empurre as nádegas para trás. Repita a curva e os alinhamentos das costas cinco vezes.

exercício para tonificar

o hiperalongamento

Este exercício é muito bom para alongar os músculos ao longo da coluna.

1

2

1 Deite de bruços com os braços apoiados no chão à sua frente e a cabeça apoiada nos braços.

2 Agora levante a cabeça e as mãos do chão, erguendo os ombros e o peito. Segure e respire cinco vezes antes de descer o corpo de volta ao chão. Repita o exercício dez vezes na primeira semana; na segunda, acrescente mais cinco repetições ou relaxe depois da primeira série e então repita o exercício mais dez vezes.

para terminar

Pule durante 5 minutos sem sair do lugar para melhorar a entrada de oxigênio no pulmão.

5º e 12º dias

Há mais trabalho com as pernas nesta parte do programa, mas desta vez você vai trabalhar os abdutores e os adutores – os músculos das partes interna e externa das coxas. Ao firmar e tonificar esses músculos, sua silhueta ficará mais harmoniosa, sem aquelas saliências que se formam nas laterais das coxas e dos quadris. Estes exercícios também são bons para os músculos das nádegas e das coxas.

exercício para aquecer

o passo

1

2

1 Dê um grande passo à frente, abaixando-se ao pisar.

2 Com um grande impulso, dê outro passo. Dê cinco passos bem largos para a frente e depois cinco para trás para aquecer (e tonificar) a região dos quadris e das nádegas.

exercício para tonificar

apertar a bola

Quando começar a fazer este exercício, você sentirá os músculos se alongarem. Tome cuidado para não exagerar e se machucar.

1

2

1 Deite de costas e coloque uma bola entre os joelhos (ou uma almofada, se não tiver a bola), com os pés apoiados no chão.

2 Comprima os joelhos contra o objeto e levante os quadris do chão. Segure e depois volte para o chão. Repita 12 vezes esse movimento de subir e descer, depois descanse e repita a série mais uma vez na primeira semana; e mais duas na segunda semana, repetindo 15 vezes, se conseguir.

para terminar

Dance durante 5 minutos para melhorar a sensação de bem-estar.

6º e 13º dias

A parte de trás dos braços é outra região que costuma ser ignorada; porém, como seus ombros estão começando a mostrar uma postura melhor, a parte de trás pode começar a parecer maior do que você gostaria. Com este exercício, essa região pode ser fortalecida e ganhar firmeza.

exercício para aquecer

alongamento dos braços

1 Abra bem as pernas e estenda os braços para os lados, com as palmas viradas para baixo.

2 Dobrando as pernas para um lado e depois para o outro, dobre e estenda os braços, trazendo as mãos para a frente, diante do peito e depois para fora. Repita 15 vezes, sempre com mais vigor.

exercício para tonificar

o teste do tríceps

Ao fazer este exercício, encoste a cadeira numa parede para evitar que ela escorregue quando você se apóia nela.

1

1 Sente na borda de uma cadeira ou banco, com as mãos na beirada do assento e os pés apoiados no chão. Tire as nádegas da cadeira, jogando seu peso nos braços.

2 Abaixe as nádegas na direção do chão, depois use os braços para subir. Todo o esforço deve ser feito pelos braços, não pelas pernas. Repita dez vezes na primeira semana; na segunda, descanse após a primeira série, e então repita, procurando chegar a oito ou dez repetições, se puder.

2

para terminar

Fique saltitando por 5 minutos (como os boxeadores; não é preciso ter uma corda) para melhorar os níveis de energia.

7º e 14º dias

Finalmente chegou a hora de trabalhar a parte de baixo da perna. Para ter e manter uma postura ereta, é necessário fortalecer e corrigir a posição dos tornozelos, pés e joelhos. Por isso, apesar de não precisar se preocupar com eles quando está de biquíni, você não pode ignorar essas regiões. Estes exercícios são bons para a circulação e ajudarão a moldar os músculos da panturrilha.

exercício para aquecer
as pontas dos pés

1 Fique nas pontas dos pés e respire normalmente contando até cinco.

2 Caminhe nas pontas dos pés de um lado a outro da sala.

3 Agora fique em pé e pressione um calcanhar no chão e depois o outro. Levante e abaixe cada calcanhar alternadamente 10-15 vezes até sentir os tornozelos e as pernas aquecidos.

exercício para tonificar
o pulo

Não olhe para baixo ao fazer esta série de pulos. Mantenha os olhos fixos à sua frente para ajudar a manter o equilíbrio.

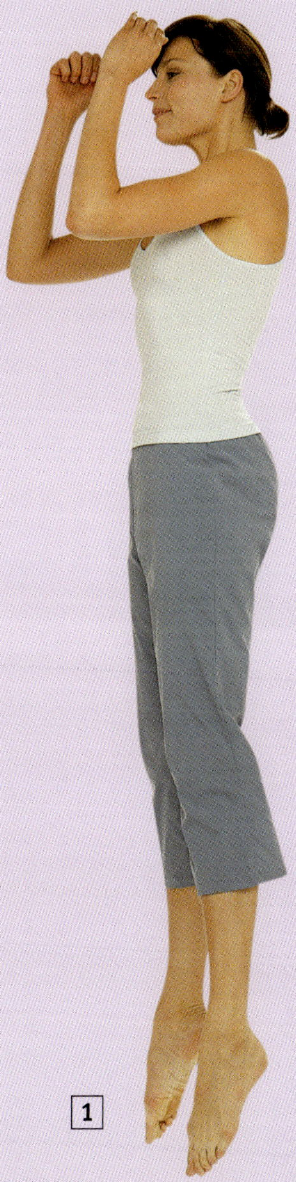

1

2

1 Fique em pé com os pés separados, depois dobre os joelhos e pule, erguendo os braços. Levante os pés no ar e alongue-os para baixo. Tente cair com as pontas dos pés, deixando o resto do pé se acomodar no chão enquanto você desce e dobrando os joelhos para absorver o choque.

2 Agora repita o exercício, mas não saia do chão – mantenha-se nas pontas dos pés. Repita os dois exercícios oito vezes, depois descanse e repita mais três vezes na primeira semana para fortalecer a panturrilha. Na segunda semana, pule 10-15 vezes, fazendo três repetições.

para terminar

Fique deitada no chão durante 5 minutos com os pés apoiados na cama ou em uma cadeira, para manter a cabeça mais baixa que os pés. Isso aumenta a circulação do sangue para o cérebro e ajuda a diminuir a retenção de líquido na parte inferior das pernas.

Calorias queimadas

Lembre que, quanto maior a diferença entre o número de calorias consumidas e o de calorias queimadas a cada dia, mais peso você perde durante a dieta. Sempre que se mexe, você queima calorias, mas é claro que algumas atividades são melhores que outras.

Esta tabela explica quantas calorias vai perder uma mulher com 68 kg ao realizar algumas tarefas diárias simples ou exercícios; homens e mulheres que pesam mais do que isso queimarão mais calorias – para calcular exatamente quantas, divida o número de calorias listadas por 150 e depois multiplique pelo seu peso. Dependendo do seu preparo físico, você poderá substituir qualquer uma das atividades de “bem-estar” diárias por 30-60 minutos de qualquer uma destas atividades.

ATIVIDADE	CALORIAS/15 MINUTOS
Abdominais	63
Aeróbica	95
Aeróbica aquática	77
Aikido (intenso)	158
Alongamento	40
Aparelho de escada	145
Arco-e-flecha	55
Arrancar papel de parede	48
Ashtanga ioga	100
Aula de spinning	160
Badminton	71
Basquete	95
Beisebol	79
Bicicleta (ao ar livre – moderada)	158
Bicicleta (aparelho)	79
Bilhar	39
Boliche	47
Boxe	142
Caiaque (moderado)	79
Caminhada (acelerada)	63
Caminhada (normal)	55
Canoagem	120
Carpintaria	55
Carregar as compras	63
Cavar	100
Colocar papel de parede	48
Correr	125
Cortar grama (empurrar o cortador)	87
Cozinhar	27
Críquete	79
Dança (em geral)	70
Dança em linha	70
Dar banho no cachorro	66
Dirigir	27
Empurrar um carrinho	39
Escalada	175
Escalada (em ambiente fechado)	175
Esfregar o chão	87
Esqui no gelo (moderado)	75
Esteira	140
Esteira (5% de inclinação)	160
Faixa de resistência	75
Fazer compras	45
Ficar em pé	25
Futebol	100
Ginástica	63
Golfe (com carrinho)	45
Golfe (sem carrinho)	60
Handebol	95
Hatha ioga	40
Hóquei	100
Hóquei no gelo	130
Jardinagem	80
Judô	158
Kick-boxing	158
Lançar dardos	39
Lavar o carro	64
Lavar pratos	45

ATIVIDADE	CALORIAS/15 MINUTOS	ATIVIDADE	CALORIAS/15 MINUTOS	ATIVIDADE	CALORIAS/15 MINUTOS
Levantar pesos	54	**Pescar**	63	**Step aeróbico**	140
Limpar a casa	39	**Pilates** (intenso)	100	**Subir escadas**	150
Limpar as janelas	45	**Pilates** (leve)	50	**Tai chi chuan**	63
Lustrar a mesa	55	**Pilates** (moderado)	75	**Tênis** (dupla)	95
Marcha atlética	103	**Pintar** (interior)	71	**Tênis** (simples)	160
Mergulhar	79	**Pular**	175	**Tirar o pó**	40
Mudar os móveis	90	**Remo** (ao ar livre)	175	**Trilha com bicicleta**	135
Nadar (borboleta)	175	**Remo** (aparelho)	137	**Varrer as folhas**	72
Nadar (crawl)	125	**Rugby**	158	**Varrer o chão**	65
Nadar (peito)	95	**Sapateado**	87	**Varrer o chão** (ao ar livre)	70
Passar aspirador	45	**Secar o chão**	45	**Velejar**	47
Pedestrianismo	95	**Sprinting**	214	**Vôlei**	127
Pega-pega	80	**Squash** (intenso)	212	**Windsurfe**	50

Quando é muito difícil?

Quanto mais dificuldade você tiver para realizar uma tarefa, mais calorias estará queimando. Mas, se exagerar no esforço, ficará cansado demais para tirar o máximo proveito. E você queima mais gordura quando usa cerca de 70% da sua capacidade. Por isso, ao fazer qualquer exercício, imagine um esforço de 6 a 7 pontos em uma escala de 10. Ou use o "teste da fala" proposto na página 55: o seu esforço para realizar o exercício deve permitir que diga frases inteiras, mas você precisa sentir necessidade de parar para respirar.

Atividades de lazer

Ainda não está convencido de que fazer exercícios é bom para você? Então faça alguma coisa divertida. Nenhuma das atividades abaixo parece exercício, mas todas ajudarão a queimar calorias. Vá em frente – experimente uma delas nos próximos 14 dias.

arco-e-flecha

Queimando 220 calorias por hora, é fácil ver por que o arco-e-flecha fortalece os músculos dos braços e ajuda a esculpir um corpo forte na parte de cima. Outros benefícios incluem a melhora na postura e o fortalecimento dos músculos abdominais. Porém, não melhora a parte aeróbica, por isso não a tenha como única atividade.

bambolê

Se quiser alisar a barriga, este é o exercício. Você usa os músculos do estômago para manter o bambolê girando – e queimará cerca de 300 calorias por hora enquanto se diverte. Se quiser maiores resultados, use um bambolê com pesos (pode ser encontrado em lojas de artigos esportivos) para intensificar o exercício.

boogie-boarding

Ótimo esporte para quem vive perto da praia. Tudo de que você precisa é uma prancha leve e pequena; então é correr para as ondas e deitar na prancha para voltar. Ao enfrentar a resistência da água, você tonifica as pernas e, para ficar na prancha, precisa de músculos fortes e tonificados na região do estômago.

dança do ventre

Não apenas queima 381 calorias por hora como também ajuda a tonificar os músculos do estômago, da cintura, dos quadris e das coxas. Existem vídeos ensinando a técnica, mas você também pode procurar cursos perto da sua casa.

empinar pipa

Ótima atividade para fazer com as crianças: se empinar uma pipa parado, você queima apenas 100 calorias por hora. Se empinar a pipa com vento, você pode queimar até 250 calorias, pois terá de se esforçar para enfrentar o vento – e correr (ou andar depressa, pelo menos) para pegar sua pipa quando ela cair.

esqui na neve

Você não precisa morar perto de uma montanha para fazer isso – existem academias que oferecem atividades desse tipo. Dizem que é mais fácil do que esquiar de verdade (pois ambas as pernas ficam no mesmo equipamento), e tudo de que você precisa é bom equilíbrio. A sessão de 1 hora queima cerca de 350 calorias.

flamenco

Ou salsa, ou dança de salão... As aulas de dança são ótimas para as pessoas que não costumam fazer exercícios começarem a melhorar a forma, sem a pressão da academia. Podem-se queimar pelo menos 200 calorias por hora, além de afinar as pernas e melhorar a postura.

frisbee

Este esporte é ainda melhor para moldar o corpo se você for

ruim – quanto mais correr atrás do frisbee, mais calorias queimará (em média, cerca de 200 calorias por hora). Ao pular para pegar o disco, também estará tonificando os músculos das nádegas e coxas.

hipismo

Queimando cerca de 280 calorias por hora, ao andar a cavalo você firma as coxas, as nádegas e o estômago. Mas a queima de calorias não acaba quando você desmonta; ao pentear o cavalo, você queima cerca de 200 calorias em meia hora. Se nunca cavalgou, faça algumas aulas. Se tiver talento, estará trotando em um mês, ou menos.

parquinho

Você terá de subir e descer a gangorra, rodar o gira-gira, empurrar as crianças no balanço e correr pelo parquinho como se tivesse 6 anos. Com isso, queimará cerca de 350 calorias por hora. Esta é outra forma lúdica de praticar exercícios e curtir as crianças.

patinação

Isso proporciona ao coração e aos pulmões um preparo semelhante ao da corrida, mas você não sente que está fazendo exercício porque o vento dá uma sensação de frescor e não há impacto sobre as juntas. Uma hora de patinação queima 480 calorias.

pedalinho

Você pode fazer isso em alguns parques e, apesar de parecer uma atividade simples, é como se estivesse em uma bicicleta pedalando com resistência média. O resultado é que você queima cerca de 300 calorias por hora – exercitando os músculos das pernas e das nádegas.

pingue-pongue

Uma partida rápida de pingue-pongue é ótima diversão, que envolve as crianças, além de ser um bom exercício. Quanto mais você se movimenta em torno da mesa para acertar a bolinha, maiores os efeitos físicos; você pode queimar até 250 calorias em uma partida de 1 hora.

trampolim

Com esse exercício, você tonifica as nádegas e coxas e acelera o sistema linfático (que ajuda a eliminar líquidos e toxinas do corpo) sem perceber o esforço que está fazendo porque está se divertindo muito. Mas, se conseguir pular 30 minutos no trampolim, vai queimar 150-200 calorias.

videogames dançantes

Eles queimam até 600 calorias por hora, se você for bom. De pé sobre uma esteira com sensores, as instruções aparecem na tela – e seu desempenho é contabilizado. Você pode obter mais informações nas lojas que vendem jogos para computadores.

PARA SEMPRE

Então é isso: seu programa de 14 dias acabou e você certamente deve estar animado com os resultados. E agora? Bem, se ainda precisa perder alguns quilos, volte para as páginas 24-25 e veja as dicas para adaptar a dieta a um período maior ou use as tabelas das páginas seguintes para criar seu próprio programa. Se conseguiu perder o peso que queria, parabéns – esse é o primeiro passo para continuar magro. O que você precisa fazer a partir de agora?

IG baixo para o resto da vida

Muitas dietas rápidas não lhe dizem o que fazer depois que você perde peso. Esta é diferente. Como todos os grupos alimentares estão presentes, você não sente falta de nada, e a inclusão de sobremesas e de alimentos "gordurosos" como chocolate, nozes e sementes mostra que você pode apreciar guloseimas calóricas e ainda continuar magro. Por isso, continuar a comer alimentos com IG baixo pelo resto da vida é relativamente fácil.

Para determinar exatamente o que deve comer, você pode recorrer a dois instrumentos de manutenção. O quadro desta página lhe diz como adaptar a pirâmide das páginas 20-21 para manter o peso, e as tabelas das próximas páginas ajudarão a misturar e combinar os alimentos para adaptar a pirâmide ao seu próprio gosto. Algumas observações finais o auxiliarão a incorporar à sua dieta alimentos com IG elevado sem afetar negativamente os níveis de açúcar.

1 Procure consumir apenas um alimento com IG alto por dia. Após duas semanas consumindo alimentos com IG baixo, seus níveis de açúcar no sangue devem estar estabilizados e o nível de insulina deve estar baixo. Porém, se começar a sobrecarregar seu sistema, poderá reverter a situação, seus níveis de energia cairão e você voltará a comer em excesso, ganhando peso de novo.

2 Se comer um alimento com IG alto, combine-o com um de IG baixo para diminuir a velocidade com que esse alimento se transforma em açúcar. Assim, se comer um pão francês ou purê de batata, coma também um pouco de gordura, proteína ou alguns legumes para fazer o IG cair.

3 Mantenha porções sensatas de carboidratos. Quanto mais consumir de um determinado alimento, mais glicose será produzida; por isso, para não sobrecarregar seu sistema, mantenha o tamanho das porções como sugerido nas páginas 22-23.

A pirâmide de manutenção IG

A pirâmide IG (veja pp. 20-21) indica as proporções gerais dos diferentes grupos de alimentos que você deve comer a cada dia enquanto faz dieta. Porém, é um pouco restritiva depois que perdeu peso. Por isso, faça o seguinte:

- Os alimentos com IG alto, com poucos nutrientes, do topo da pirâmide, podem ser apreciados uma ou duas vezes por semana.

- Os alimentos com IG alto, com muitos nutrientes, da segunda camada, podem ser consumidos uma vez por dia.

- Os da outra camada (nozes e sementes, laticínios e proteínas) devem permanecer inalterados.

- Agora você pode aumentar os carboidratos e incluir até duas porções de alimentos com IG médio, como cuscuz ou arroz integral. As mulheres devem continuar com 6-8 porções, enquanto os homens podem comer até 11 (lembre-se de que qualquer carboidrato com IG alto tem de ser incluído nesse total).

- Frutas e legumes devem permanecer inalterados, com pelo menos 5 porções diárias – o ideal é manter uma proporção 3:2 para legumes e frutas.

Tabela IG

Esta tabela mostra o conteúdo de energia dos alimentos por 100 g, como calorias e quilojoules. Mostramos também o valor do IG de cada alimento, informando se é alto, médio ou baixo em termos de IG. Deve-se observar que os valores de IG podem variar de acordo com os tipos de frutas, legumes e verduras, de diferentes fabricantes, e com o modo como o alimento é preparado. Os valores de itens crus e cozidos foram fornecidos quando estes costumam ser consumidos em ambas as formas. Lembre-se de que, sempre que possível, é preferível cozinhar legumes e verduras no vapor para preservar o conteúdo das vitaminas. Os valores são os mesmos para cozimento na água ou no vapor.

	CALORIAS	KJ	IG
A			
Abacate	190	784	1 baixo
Abacaxi, em lata, em calda	47	200	46 baixo
Abacaxi, fresco	41	176	66 médio
Abacaxi, suco, sem açúcar	41	177	46 baixo
Abobrinha, crua	18	74	1 baixo
Abobrinha, frita	62	265	1 baixo
Abobrinha, no vapor	19	81	1 baixo
Agrião	22	94	1 baixo
Água	0	0	0 baixo
Alcachofra, cozida	18	77	1 baixo
Alcachofra, em lata	28	119	1 baixo
Alface	14	59	1 baixo
Alface-americana	13	53	1 baixo
Alfafa	24	100	1 baixo
Alho-poró, no vapor	21	87	1 baixo
Alici, em óleo	191	798	0 baixo
Ameixa-preta	141	601	29 baixo
Amendoim	563	2.337	14 baixo
Amendoim, óleo de	899	3.696	0 baixo
Amendoim torrado	589	2.441	14 baixo
Amora, suco de	61	259	52 baixo
Arenque defumado	161	667	0 baixo

	CALORIAS	KJ	IG
ARROZ			
Arroz branco, cozido	138	587	98 alto
Basmati, cozido	138	587	58 médio
Bolinho de arroz, branco	374	1.591	82 alto
Cereal de arroz, simples	382	1.628	82 alto
Risoto, cozido	138	587	69 médio
Aspargos, no vapor	26	110	1 baixo
Atum, em lata, no óleo	189	794	0 baixo
Atum, em lata, na salmoura	99	422	0 baixo
Atum, patê	236	986	0 baixo
Aveia, bolo de	412	1.737	54 baixo
AVES E CAÇA			
Coelho, cozido	114	479	0 baixo
Faisão, carne, assado	220	918	0 baixo
Frango, carne e pele, assado	216	912	0 baixo
Frango, coxas, assado	185	775	0 baixo
Frango, peito, sem pele, grelhado	148	626	0 baixo
Frango, tiras, refogado	161	677	0 baixo
Ganso, carne e pele, assado	301	1.252	0 baixo
Pato, carne, assado	195	815	0 baixo
Pato, carne e pele, assado	388	1.603	0 baixo
Pato, estilo chinês	331	1.375	0 baixo
Peru, carne e pele, assado	171	717	0 baixo
Peru, peito, grelhado	155	658	0 baixo
Peru, tiras, refogado	164	692	0 baixo
B			
Bacon, grelhado	337	1.400	0 baixo
Badejo, posta, assada	96	408	0 baixo
Bagel (rosca), branco	273	1.161	72 alto
Banana	95	403	52 baixo
Banha de porco	891	3.663	0 baixo

	CALORIAS	KJ	IG
Basmati, arroz, cozido	138	587	58 médio

BATATAS

	CALORIAS	KJ	IG
Batata assada	136	581	85 alto
Batata, com casca, cozida	75	321	76 alto
Batata-doce, cozida	84	358	46 baixo
Batata frita (chips)	530	2.215	57 médio
Batata, purê, instantâneo	57	245	86 alto
Batata sem casca, cozida	72	306	101 alto

BEBIDAS

	CALORIAS	KJ	IG
Água	0	0	0 baixo
Café, preto, sem açúcar	0	0	0 baixo
Chá, de ervas	0	0	0 baixo
Chá, preto	0	0	0 baixo
Suco de abacaxi, sem açúcar	41	177	46 baixo
Suco de grapefruit, sem açúcar	33	140	48 baixo
Suco de laranja, sem açúcar	36	153	53 baixo
Suco de maçã, sem açúcar	38	164	40 baixo
Suco de tomate, sem açúcar	14	62	38 baixo

	CALORIAS	KJ	IG
Berinjela	302	1.246	1 baixo
Beterraba, cozida	46	195	80 alto

BISCOITOS E BOLACHAS

	CALORIAS	KJ	IG
Biscoito amanteigado	509	2.133	64 médio
Biscoito de água	440	1.859	77 alto
Biscoito de arroz, branco	374	1.591	82 alto
Biscoito de aveia	412	1.737	54 baixo
Biscoito digestivo	465	1.956	59 médio
Bolinho, simples	364	1.530	92 alto
Broinha	177	753	69 médio

	CALORIAS	KJ	IG
Brócolis, cozido	24	100	1 baixo
Brócolis, cru	33	138	1 baixo
Broto de feijão, cru	31	131	1 baixo
Broto de feijão, refogado	72	298	1 baixo

	CALORIAS	KJ	IG
C			
Café, preto, sem açúcar	0	0	0 baixo
Caldo de frango, cubo	237	990	1 baixo
Caldo de legumes, cubo	253	1.055	1 baixo
Camarão graúdo, congelado	73	310	0 baixo
Camarão graúdo, em lata, em salmoura	94	398	0 baixo
Camarão graúdo, sem casca, cozido	99	418	0 baixo
Caramujo	137	576	0 baixo
Caranguejo, em lata, na salmoura	77	326	0 baixo
Caranguejo, carne, cozida	128	535	0 baixo
CARNES			
Bacon, grelhado	287	1.194	0 baixo
Carne, cozida	185	613	0 baixo
Carne bovina, cubos, cozida	185	777	0 baixo
Carne bovina, em lata	205	860	0 baixo

	CALORIAS	KJ	IG
Carne bovina, grelhada	305	1.268	0 baixo
Carne bovina, filé de picanha ou alcatra, magro, frito	183	770	0 baixo
Carne bovina, filé de picanha ou alcatra, magro, grelhado	177	745	0 baixo
Carne bovina, hambúrguer (99% carne)	326	1.353	0 baixo
Carne bovina, salgada, em lata	205	860	0 baixo
Carne de primeira, magra e gorda, grelhada	222	930	0 baixo
Carneiro, coração, assado	226	944	0 baixo
Carneiro, kebab, assado	203	853	0 baixo
Carneiro, kebab, grelhado	288	1.199	0 baixo
Carneiro, lombo, magro, grelhado	213	892	0 baixo
Carneiro, lombo, com gordura, grelhado	277	1.150	0 baixo
Carneiro, magro, assado	203	853	0 baixo
Carneiro, moído, cozido	208	870	0 baixo

	CALORIAS	KJ	IG
Carneiro, rim, frito	188	784	0 baixo
Cervo, assado	165	698	0 baixo
Filé, bovino, grelhado	305	1.268	0 baixo
Filé, alcatra ou picanha, magro, frito	183	770	0 baixo
Filé, alcatra ou picanha, magro, grelhado	177	745	0 baixo
Hambúrguer bovino, 99% carne, grelhado	326	1.353	0 baixo
Lingüiça de porco, grelhada	294	1.221	28 baixo
Porco, tiras de filés, refogado	182	765	0 baixo
Toucinho, fatiado	337	1.400	0 baixo
Vitela, escalope, frita	196	825	0 baixo
Vitela, escalope, assada	230	960	0 baixo

	CALORIAS	KJ	IG
Cebola, crua	36	150	0 baixo
Cebola, frita	164	684	0 baixo
Cenoura, no vapor	24	100	31 baixo
Cenoura, crua	35	146	49 baixo
Centeio, pão de	219	932	51 baixo
Centeio/preto, pão, com grãos	219	932	41 baixo

CEREAIS MATINAIS

	CALORIAS	KJ	IG
Cereal de arroz, simples	382	1.628	82 alto
Cereal de arroz com chocolate	383	1.632	77 alto
Cereal de trigo	89	376	0 baixo
Cereal integral, flocos	330	1.406	74 alto
Cereal integral, tipo macarrãozinho	270	1.144	34 baixo
Cevada, perolada, cozida	120	510	25 baixo
Flocos de milho	376	1.601	77 alto
Mingau de aveia, seco	401	1.698	42 baixo
Müsli	363	1.540	56 médio

	CALORIAS	KJ	IG
Carne de soja	166	697	10 baixo
Cereal integral	89	376	0 baixo
Cereja	48	203	22 baixo
Chá, preto	0	0	0 baixo
Chocolate, amargo	510	2.137	41 baixo
Chocolate, ao leite	520	2.177	42 baixo

	CALORIAS	KJ	IG
Clara de ovos	6	153	0 baixo
Coca-Cola	41	174	53 baixo
Coca-Cola, diet	0	0	0 baixo
Cogumelo, cru	13	55	1 baixo
Cogumelo, frito	157	645	1 baixo
Couve-de-bruxelas, no vapor	35	153	1 baixo
Couve-flor, cozida	28	117	1 baixo
Couve-flor, crua	34	142	1 baixo
Couve-manteiga, crua	33	136	1 baixo
Couve-manteiga, no vapor	20	82	1 baixo
Creme de ovos, com leite desnatado	95	404	35 baixo
Creme de ovos, com leite integral	118	492	35 baixo
Creme vegetal, 40% menos gordura	390	1.608	0 baixo
Creme vegetal, 75% menos gordura	680	2.795	0 baixo
Croissant	373	1.563	67 médio
Cuscuz, cozido	227	950	65 médio

	CALORIAS	KJ	IG
D			
Damasco, fresco	31	134	57 médio
Damasco, seco	188	802	30 baixo
Damasco, suco em lata	34	147	64 médio
DOCES (SOBREMESAS)			
Biscoito digestivo	465	1.956	59 médio
Bolinho	509	2.133	64 médio
Chocolate, amargo	510	2.177	49 baixo
Chocolate, ao leite	520	2.177	49 baixo
Favo holandês	334	1.401	76 alto
Musse de chocolate	149	627	37 baixo
Pão-de-ló	467	1.951	46 baixo
Sorvete, normal	177	741	61 médio
Sorvete light	119	499	50 baixo
E			
Erva-doce, cozida	11	47	1 baixo
Erva-doce, crua	12	50	1 baixo
Ervilha seca, cozida	126	538	32 baixo
Ervilha-torta, crua	32	136	1 baixo

	CALORIAS	KJ	IG
Ervilha-torta, no vapor	26	111	1 baixo
Ervilha-torta, refogada	71	298	1 baixo
Espaguete, cozido	104	442	38 baixo
Espaguete, integral, seco, cozido	113	485	37 baixo
Espinafre, cozido	19	79	1 baixo
Espinafre, cru	25	103	1 baixo
Extrato de carne	179	760	0 baixo
Extrato de levedura	180	763	0 baixo

F

	CALORIAS	KJ	IG
Faisão, carne, assada	220	918	0 baixo
Favo holandês	334	1.401	76 alto

FEIJÃO E LEGUMINOSAS

	CALORIAS	KJ	IG
Ervilha seca, cozida	126	538	32 baixo
Favas, no vapor	48	204	61 médio
Feijão-azuqui, cozido	100	424	28 baixo
Feijão-azuqui, em lata	100	424	36 baixo
Feijão-branco, cozido	95	406	33 baixo
Feijão cozido	84	355	48 baixo
Feijão cozido, sal reduzido	73	311	48 baixo
Feijão-fradinho, cozido	116	494	42 baixo
Feijão-manteiga, cozido	103	437	31 baixo
Feijão-manteiga, em lata	77	327	36 baixo
Grão-de-bico, cozido	121	512	28 baixo
Grão-de-bico, em lata	115	487	42 baixo
Lentilha, cozida	100	424	26 baixo
Soja em grãos, cozida	141	590	20 baixo
Vagem, crua	24	99	1 baixo
Vagem, no vapor	25	108	1 baixo

	CALORIAS	KJ	IG
Fermento em pó	157	693	0 baixo
Fígado, bovino, cozido	198	831	0 baixo
Fígado, carneiro, frito	237	989	0 baixo
Fígado, frango, frito	169	705	0 baixo

	CALORIAS	KJ	IG
Fígado, patê	348	1.437	0 baixo
Fígado, porco, cozido e frito	153	641	0 baixo
Fígado, vitela, frito	188	784	0 baixo
Figo, seco	227	967	61 médio
Flocos de milho	376	1.601	77 alto
Frango, carne e pele, assado	216	912	0 baixo
Frango, coxas, assado	185	775	0 baixo
Frango, fígado, frito	169	705	0 baixo
Frango, peito sem pele, grelhado	148	626	0 baixo
Frango, tiras, refogado	161	677	0 baixo
FRUTAS			
Abacate	190	784	1 baixo
Abacaxi, em lata, com calda	47	200	46 baixo
Abacaxi, fresco	41	176	66 médio
Ameixa, fresca	34	145	34 baixo
Ameixa-preta	141	601	29 baixo
Banana	95	403	52 baixo
Cereja	48	203	22 baixo

	CALORIAS	KJ	IG
Damasco, em lata, com suco	34	147	64 médio
Damasco, fresco	31	134	57 médio
Damasco, seco	188	802	30 baixo
Figo, seco	227	967	61 médio
Grapefruit	30	126	25 baixo
Kiwi	49	207	53 baixo
Laranja	37	158	42 baixo
Maçã	47	199	38 baixo
Manga	57	245	51 baixo
Melancia	31	133	72 alto
Papaia	36	153	56 médio
Pêra, em lata, com calda	33	141	45 baixo
Pêssego, em lata, com calda	39	165	40 baixo
Salada de frutas, em lata, com calda	57	244	55 baixo
Uva, branca	60	257	53 baixo
Uva, vermelha	60	257	53 baixo
Uva-passa	272	1.159	64 médio
Uva-passa branca	275	1.171	56 médio

	CALORIAS	KJ	IG
G			
Ganso, carne e pele, assado	301	1.252	0 baixo
Gelatina	338	1.435	0 baixo
Geléia, damasco, light	123	523	55 baixo
Geléia, morango	261	1.114	56 médio
Gergelim, óleo de	899	3.696	0 baixo
Grão-de-bico, cozido	121	512	28 baixo
Grão-de-bico, em lata	115	487	42 baixo
H			
Homus	187	781	6 baixo
Hortelã, fresca	43	181	1 baixo
I			
Inhame, cozido	133	568	37 baixo
Iogurte, diet, completamente sem gordura	54	230	20 baixo
Iogurte, light	56	237	33 baixo
Iogurte, light, frutas	78	331	31 baixo

	CALORIAS	KJ	IG
L			
Lagosta, cozida	103	435	0 baixo
LATICÍNIOS			
Iogurte, desnatado	56	237	33 baixo
Iogurte, desnatado com frutas	78	331	31 baixo
Iogurte, diet, totalmente sem gordura	54	230	20 baixo
Iogurte, light	56	237	33 baixo
Iogurte, light, frutas	78	331	31 baixo
Iogurte de soja	72	305	50 baixo
Leite condensado	333	1.406	61 médio
Leite desnatado	32	136	32 baixo
Leite de soja	32	132	36 baixo
Leite integral	66	274	31 baixo
Margarina, diet (40% gordura)	390	1.608	0 baixo
Margarina, diet (75% gordura)	680	2.795	0 baixo
Sorvete	177	741	61 médio
Sorvete light	119	499	50 baixo

	CALORIAS	KJ	IG
LEGUMES E VERDURAS			
Abóbora, cozida	9	38	1 baixo
Abobrinha, crua	18	74	1 baixo
Abobrinha, frita	62	265	1 baixo
Abobrinha, no vapor	19	81	1 baixo
Agrião	22	94	1 baixo
Alcachofra, cozida	18	77	1 baixo
Alcachofra, em lata	28	119	1 baixo
Alface	14	59	1 baixo
Alface-americana	13	53	1 baixo
Alho-poró, no vapor	21	87	1 baixo
Aspargo, no vapor	26	110	1 baixo
Batata-doce, cozida	84	358	46 baixo
Berinjela, frita	302	1.246	1 baixo
Beterraba, cozida	36	154	64 médio
Brócolis, cru	33	138	1 baixo
Brócolis, no vapor	24	100	1 baixo
Broto de feijão, cru	31	131	1 baixo
Broto de feijão, refogado	72	298	1 baixo
Cebola, crua	36	150	0 baixo
Cebola, frita	164	684	0 baixo
Cenoura, crua	35	146	49 baixo
Cenoura, no vapor	24	100	31 baixo
Cogumelo, cru	13	55	1 baixo
Cogumelo, frito	157	645	1 baixo
Couve-de-bruxelas, no vapor	35	153	1 baixo
Couve-flor, cozida	28	117	1 baixo
Couve-flor, crua	34	142	1 baixo
Couve-manteiga, crua	33	140	1 baixo
Couve-manteiga, no vapor	24	100	1 baixo
Erva-doce, cozida	11	47	1 baixo
Erva-doce, crua	12	50	1 baixo
Ervilha-torta, crua	32	136	1 baixo
Ervilha-torta, no vapor	26	111	1 baixo
Ervilha-torta, refogada	71	298	1 baixo
Espinafre, cru	25	103	1 baixo
Espinafre, no vapor	19	79	1 baixo
Inhame, cozido	133	568	37 baixo
Milho, em lata	23	96	46 baixo
Milho, na espiga, cozido	66	280	48 baixo

	CALORIAS	KJ	IG
Mostarda, broto	13	56	1 baixo
Pepino	10	40	1 baixo
Pimentão, verde, cru	15	65	1 baixo
Pimentão, vermelho, cru	32	134	1 baixo
Quiabo, cozido	28	119	1 baixo
Quiabo, frito	269	1.122	1 baixo
Rabanete	12	49	1 baixo
Repolho, cru	26	109	1 baixo
Repolho, no vapor	16	67	1 baixo
Salsão, cru	7	30	0 baixo
Salsão, no vapor	8	34	0 baixo
Tomate, suco, sem açúcar	14	62	38 baixo
Vagem, cozida	25	108	1 baixo
Vagem, crua	24	99	1 baixo

	CALORIAS	KJ	IG
Leite integral	66	274	31 baixo
Linguado, grelhado	96	404	0 baixo
Lingüiça, porco, grelhada	294	1.221	28 baixo

M

MACARRÃO, ARROZ E GRÃOS

	CALORIAS	KJ	IG
Arroz branco, cozido	138	587	98 alto
Arroz para risoto, cozido	138	587	69 médio
Basmati, arroz, cozido	138	587	58 médio
Cevada, polida, cozida	120	510	25 baixo
Cuscuz, cozido	227	950	65 médio
Espaguete, cozido	104	442	38 baixo
Espaguete, integral, cozido	113	485	37 baixo
Macarrão oriental, cozido	62	264	46 baixo
Quinua	309	1.311	53 baixo
Trigo-sarraceno, cozido	364	1.522	54 baixo

	CALORIAS	KJ	IG
Maçã	47	199	38 baixo
Maçã, suco de, sem açúcar	38	164	40 baixo
Manteiga	744	3.059	0 baixo
Manteiga-de-garrafa	895	3.693	0 baixo
Margarina	718	2.954	0 baixo

	CALORIAS	KJ	IG
Mel	288	1.229	55 baixo
Milho, em lata	23	96	46 baixo
Milho na espiga, cozido	66	280	48 baixo
Milho verde, cozido	111	470	48 baixo
Mingau de aveia	401	1.698	42 baixo
Mistura para bolo	451	1.884	59 médio
Mostarda, broto	13	56	1 baixo
Mostarda, integral	140	584	1 baixo
Musse de chocolate	149	627	37 baixo
Musse de chocolate, light	123	518	31 baixo

O

ÓLEOS E GORDURAS

	CALORIAS	KJ	IG
Azeite	899	3.696	0 baixo
Banha	891	3.663	0 baixo
Creme vegetal, 40% menos gordura	390	1.608	0 baixo
Creme vegetal, 75% menos gordura	680	2.795	0 baixo
Manteiga	744	3.059	0 baixo
Manteiga-de-garrafa	895	3.693	0 baixo
Margarina	718	2.954	0 baixo
Óleo de amendoim	899	3.696	0 baixo
Óleo de coco	899	3.696	0 baixo
Óleo de gergelim	899	3.696	0 baixo
Óleo de girassol	899	3.696	0 baixo

	CALORIAS	KJ	IG
Ostra, crua	65	275	0 baixo
Ovo	151	627	0 baixo
Ovo, cozido	151	627	0 baixo
Ovo, frito	179	745	0 baixo
Ovo, mexido	257	1.062	0 baixo
Ovo, omelete	195	808	0 baixo
Ovo, omelete, com queijo	271	1.121	0 baixo
Ovo, poché	147	612	0 baixo

P

PÃES E BOLOS

	CALORIAS	KJ	IG
Bagel (rosca), branco	273	1.161	72 alto
Bolo de chocolate	456	1.908	38 baixo
Bolo de frutas	371	1.561	54 baixo
Bolinho, simples	364	1.530	92 alto
Bolo	451	1.884	59 médio
Broinha	177	753	69 médio
Panqueca	302	1.265	67 médio

	CALORIAS	KJ	IG
Pão australiano	237	1.005	61 médio
Pão branco	235	1.002	70 alto
Pão de centeio, sem grãos	219	932	51 baixo
Pão de centeio/preto, com grãos	219	932	41 baixo
Pão de frutas	295	1.256	47 baixo
Pão-de-ló	467	1.951	46 baixo
Pão de soja/linhaça	252	1.070	41 baixo
Pão integral	217	922	77 alto
Pão sírio, branco	255	1.084	57 médio
Pretzel	381	1.596	83 alto
Patê de fígado	348	1.437	o baixo
Pecã, noz	689	2.843	10 baixo
Pizza, mussarela e tomate, fina	238	1.003	36 baixo
Pizza, mussarela e tomate, grossa	249	1.050	36 baixo
Pizza, mussarela, fina	277	1.168	30 baixo
PEIXES E FRUTOS DO MAR			
Alici, em óleo	191	798	o baixo
Arenque defumado, grelhado	161	667	o baixo
Atum, em lata, azeite	189	794	o baixo
Atum, em lata, salmoura	99	422	o baixo
Badejo, posta, escaldada	94	396	o baixo
Camarão, congelado	73	310	o baixo
Camarão, cozido, sem casca	99	418	o baixo
Camarão, em lata, salmoura	94	398	o baixo
Cavala, fresca, frita	272	1.130	o baixo
Hadoque, no vapor	89	378	o baixo
Linguado, grelhado	96	404	o baixo
Marisco, cozido	53	226	o baixo
Mexilhão, cozido, com a concha	104	440	o baixo
Ostra, crua	65	275	o baixo
Peixe-espada, grelhado	139	583	o baixo
Pescada, no vapor	92	406	o baixo
Salmão, defumado	142	598	o baixo
Salmão, em lata, óleo	153	644	o baixo

	CALORIAS	KJ	IG
Salmão, em lata, salmoura	153	644	0 baixo
Salmão, no vapor	194	812	0 baixo
Sardinha, em lata, óleo	220	918	0 baixo
Sardinha, fresca, grelhada	195	815	0 baixo
Tainha, grelhada	96	407	0 baixo
Truta, filé, grelhada	135	565	0 baixo

	CALORIAS	KJ	IG
Pepino	10	40	1 baixo
Pêra, em lata, em calda	33	141	45 baixo
Pernil de porco, sem gordura, assado	204	851	0 baixo
Peru, carne e pele, assado	171	717	0 baixo
Peru, peito, grelhado	155	658	0 baixo
Peru, tiras, refogado	164	692	0 baixo
Pêssego, em lata, em calda	39	165	40 baixo
Pimenta-branca	0	0	0 baixo
Pimenta-malagueta	20	83	1 baixo
Pimenta-preta	0	0	0 baixo
Pimentão verde, cru	15	65	1 baixo
Pimentão vermelho, cru	32	134	1 baixo
Pizza, mussarela e tomate, fina	238	1.003	36 baixo
Pizza, mussarela e tomate, grossa	249	1.050	36 baixo
Pizza, mussarela, fina	277	1.168	30 baixo
Porco, carne, assada	182	763	0 baixo
Porco, costela, magra e gorda, assada	301	1.256	0 baixo
Porco, filé, magro e gordo, grelhado	198	832	0 baixo
Porco, lombo, magro, grelhado	184	774	0 baixo
Porco, perna, magra, assada	182	765	0 baixo
Porco, tiras de filé, refogadas	182	764	0 baixo
Presunto	107	451	0 baixo
Purê de batata pronto	57	245	86 alto

Q

QUEIJOS

	CALORIAS	KJ	IG
Camembert	290	1.205	0 baixo

	CALORIAS	KJ	IG
Cheddar	416	1.725	0 baixo
Cheddar, light	273	1.141	0 baixo
Cottage	101	423	0 baixo
Cottage, light	79	334	0 baixo
Cream cheese	439	1.807	0 baixo
Edam	341	1.416	0 baixo
Edam, light	229	957	0 baixo
Feta	250	1.037	0 baixo
Mussarela	257	1.067	0 baixo
Parmesão	415	1.729	0 baixo
Stilton	410	1.698	0 baixo

	CALORIAS	KJ	IG
Quiabo, cozido	28	119	1 baixo
Quiabo, frito	269	1.122	1 baixo
Quinua	309	1.311	53 baixo

R

	CALORIAS	KJ	IG
Rabanete	12	49	1 baixo
Repolho, cru	26	109	1 baixo
Repolho, no vapor	16	67	1 baixo
Rim, boi, cozido	138	579	0 baixo
Rim, carneiro, frito	188	784	0 baixo
Rim, porco, cozido e frito	153	641	0 baixo

S

	CALORIAS	KJ	IG
Sal	0	0	0 baixo
Salame	438	1.814	0 baixo

SALGADINHOS (TIRA-GOSTO)

	CALORIAS	KJ	IG
Amendoim, sem pele	563	2.337	14 baixo
Amendoim, torrado	589	2.441	14 baixo
Batata chips	530	2.215	57 médio
Bolinho de arroz, branco	374	1.591	82 alto
Pretzel	381	1.596	83 alto
Salgadinho de milho	459	1.927	42 baixo

	CALORIAS	KJ	IG
Salmão, defumado	142	598	0 baixo
Salmão, em lata, em óleo	153	644	0 baixo
Salmão, em lata, salmoura	153	644	0 baixo
Salmão fresco, no vapor	194	812	0 baixo
Salsão, cru	7	30	0 baixo

	CALORIAS	KJ	IG
Salsão, no vapor	8	34	0 baixo
Salsichão	287	1.189	0 baixo
Salsinha, fresca	34	141	1 baixo
Sardinha, em lata, em óleo	220	918	0 baixo
Sardinha, fresca, grelhada	195	815	0 baixo
Shoyu	43	182	1 baixo
Soja, carne	166	697	10 baixo
Soja, grãos, cozida	141	590	20 baixo
Soja, iogurte	72	305	50 baixo
Soja, leite	32	132	36 baixo
Soja/linhaça, pão	252	1.070	41 baixo
T			
Tâmara, seca	270	1.151	103 alto
Temperos, frescos	34	141	1 baixo
Temperos, sálvia e cebola	269	1.126	74 alto
Temperos, secos	181	760	1 baixo
Tofu, frito	261	1.086	1 baixo
Tofu, no vapor	73	304	1 baixo
Tomate, sopa, em lata	52	219	45 baixo
Tomate, suco, sem açúcar	14	62	38 baixo
Toucinho, grelhado	287	1.194	0 baixo
Trigo-sarraceno, cozido	364	1.522	54 baixo
Truta, filé, grelhada	135	565	0 baixo
Tutano, cozido	9	38	1 baixo
U			
Uva-passa	272	1.159	64 médio
Uva-passa branca	275	1.171	56 médio
V			
Vegetariano, hambúrguer, grelhado	196	821	59 médio
Vinagre	22	89	0 baixo
Vitela, escalope, assado	230	960	0 baixo
Vitela, escalope, frito	196	825	0 baixo
Vitela, fígado, frito	188	784	0 baixo
W			
Worcestershire, molho inglês	65	276	1 baixo

Índice

sobre a autora

Helen Foster é autora também de *Dieta do Baixo Índice Glicêmico – Regime: Tudo o que você precisa saber para perder peso* (Publifolha, 2009).